2020年度国家出版基金项目

阿坝藏族羌族自治州档案馆 / 编

走近国家级档案文献遗产——羌族《刷勒日》

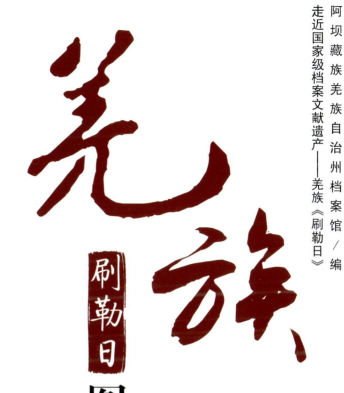

羌族

刷勒日

图经初释

杨成立 / 著

四川大学出版社

SICHUAN UNIVERSITY PRESS

总 策 划：王　军
项目策划：杨岳峰
责任编辑：杨岳峰
责任校对：李　耕
封面设计：墨创文化
责任印制：王　炜

图书在版编目（CIP）数据

羌族《刷勒日》图经初释 / 杨成立著 . — 成都：
四川大学出版社，2020.12
　（走近国家级档案文献遗产 . 羌族《刷勒日》）
　ISBN 978-7-5690-4075-3

　Ⅰ．①羌… Ⅱ．①杨… Ⅲ．①羌族－原始宗教－古籍
－中国 Ⅳ．① B933

中国版本图书馆 CIP 数据核字（2020）第 261830 号

书名　　羌族《刷勒日》图经初释
　　　　QIANGZU《SHUALERI》TUJING CHUSHI

著　　者　杨成立
出　　版　四川大学出版社
地　　址　成都市一环路南一段 24 号（610065）
发　　行　四川大学出版社
书　　号　ISBN 978-7-5690-4075-3
印前制作　墨创文化
印　　刷　成都市金雅迪彩色印刷有限公司
成品尺寸　170mm×240mm
印　　张　12
字　　数　182 千字
版　　次　2020 年 12 月第 1 版
印　　次　2020 年 12 月第 1 次印刷
定　　价　76.00 元

◈ 读者邮购本书，请与本社发行科联系。
　电话：(028)85408408/(028)85401670/
　(028)86408023　邮政编码：610065
◈ 本社图书如有印装质量问题，请寄回出版社调换。
◈ 网址：http://press.scu.edu.cn

四川大学出版社
微信公众号

序一

　　羌族《刷勒日》是古羌人留下的唯一一本图画形式的古籍，合则为册，展则为卷，一直被淹没在历史的长河中，不被世人知晓。阿坝藏族羌族自治州档案馆的杨成立经过几十年辛苦的调查与深入探索，终于完成了国家重点档案抢救项目羌族《刷勒日》的初释与研究工作，其意义深远，唤醒了民族的记忆，追寻了族群的历史，传承了古羌文明的智慧，是羌文化保护与传承的典范，值得点赞！杨成立是一位羌文化的守望者，一生致力于羌文化的保护与传承。羌族《刷勒日》文献搜集与整理研究是其独立完成的国家重点档案抢救项目，是阿坝州申报成功的唯一一个国家级档案文献遗产项目，是阿坝州中国档案文献遗产名录里的一张亮丽名片，填补了阿坝州没有国家级档案文献遗产项目的空白，使阿坝州民族档案工作有了新的成绩。

　　羌族《刷勒日》内容丰富、包罗万象、博大精深，是古羌人集体智慧的结晶，被今天的羌人称为"天书"。《刷勒日》主要有两部分内容，一部分是古羌人"观天俯地"的成果，另一部分是古羌人"察人"的成果。读取《刷勒日》的信息需要看图和听阿爸许唱经来配合完成。《刷勒日》的图画采用的是中国画的传统画法，其写实部分形象生动，写意部分抽象晦涩，图画整体风格古朴、寓意丰富。因为阅读时需要将阿爸许口耳相传的唱经与图画相配合，所以《刷

勒日》只有阿爸许能够识读、记录、传承、利用，是羌族的濒危文化遗产。《刷勒日》承载着羌文化的核心内容，是古羌人认识世界的智慧成果。

阿坝州档案馆安排杨成立对《刷勒日》进行全面调查，访问了所有的传承人，系统搜集有关《刷勒日》的信息，并作了初步阐释，目的是让更多的人了解《刷勒日》，传承《刷勒日》，使《刷勒日》走出濒危状态，更重要的是鼓励引导传承人把羌文明的基因继续完整传承下去。经过杨成立多年的辛劳，终于形成了今天这些成果，我感到非常欣慰。这为我们准确释读羌族"天书"《刷勒日》、打开羌文化的宝库提供了一把至为关键的"钥匙"，为下一步的研究打下了基础，为羌文化的传承发展提振了信心，增强了自信。

习近平总书记指出，要重视少数民族文化保护和传承。而保护和传承少数民族文化，首要的是保护和传承少数民族经典，经典承载着民族文化的核心要义，在维护民族团结、增强民族认同、坚定民族自信、指引民族前进等方面发挥着关键作用。阿坝兰台人对《刷勒日》的抢救保护和整理释读是在羌文化领域贯彻习总书记指示的重要举措，对于羌文化的保护与传承来说，功莫大焉。有恒心则断无不成之事，希望杨成立同志不忘初心、牢记使命，继续对《刷勒日》作深入研究，为羌文化的保护与传承、为阿坝兰台事业的发展再立新功。是为序。

李乃国

2019 年 10 月 25 日

序二

阿坝州档案馆副馆长杨成立同志，是四川省档案"283工程"领军人才，是土生土长的阿坝州羌族人，在茂县工作期间，于下乡途中因一次偶然机会结识了羌族《刷勒日》图经传承人陈文清（羌名：任塔纳），在与老人的访谈过程中对古老的羌文化产生了浓厚兴趣，从此便与《刷勒日》图经结下了不解之缘。长期以来，他以保护、传承、发扬羌文化为己任，围绕羌族《刷勒日》图经保护与开发，组织开展了大量卓有成效的工作，取得了丰硕成果，为阿坝州民族档案文化建设做出了积极贡献。

2008年5月12日发生的汶川特大地震使羌族档案遭到严重损坏，国家档案局紧急启动羌族档案抢救保护工作。四川省档案局的各位领导靠前指挥，亲自参与羌族档案抢救保护工作。阿坝州委、州政府高度重视，精心布置，灾区各级档案部门全力以赴，在阿坝州掀起了抢救保护羌族档案的高潮。时任茂县文化局局长的杨成立同志协助茂县档案局一班人，冒着余震的危险，走访羌族文化人，发现了《刷勒日》图经的传承人肖永庆，通过帮助关心，亲眼见到了《刷勒日》图经，然后马上上报上级档案部门，各级档案部门高度重视，安排杨成立同志牵头负责，一定要把羌族《刷勒日》图经抢救进馆。在各方的不懈努力下，肖永庆老人把《刷勒日》图经永久保存在茂县档案馆。

从 2009 年开始，杨成立同志独立完成了中国档案文献遗产名录项目申报文本的编写工作，"四川省阿坝藏族羌族自治州茂县羌族刷勒日文献"于 2015 年成功入选中国档案文献遗产名录，填补了阿坝州没有国家级档案文献遗产的空白。为更好传承、保护羌族《刷勒日》图经，阿坝州档案馆组织申报并实施了"羌族《刷勒日》图经研究"这一国家重点档案抢救保护项目。4 年来，杨成立同志带领工作组走遍了茂县、汶川、理县等羌文化核心区，访遍了德高望重、身怀绝技的《刷勒日》图经传承人，厘清了传承人传承谱系和传承范围，纠正了很多长期以来错误的观点和看法，取得了一系列重要研究成果。

"走近国家级档案文献遗产——羌族《刷勒日》"丛书，是杨成立同志本着高度的文化自觉和民族自信，以扎实的田野调查为基础，以传承人亲口讲述为依据，结合自身三十余年来的研究成果撰写的一套羌文化著作，对《刷勒日》图经这一被誉为羌民族"百科全书"的珍贵图画经典，从理论、认知等方面进行了较为全面的解读，具有很强的科学性和可读性。该丛书是阿坝州档案系统第一套公开出版的中国档案文献遗产名录民族档案文化研究著作，是阿坝州开展国家重点档案抢救保护工作的重要成果，对推动全州民族特色档案文化建设具有极为重要的意义。

阿坝州是藏、羌、回、汉等多民族聚居地，民族特色档案资源丰富，加强民族特色档案文化建设，是我们一直以来坚持不懈的努力方向。作为全州档案文化建设和档案文献遗产名录工作分管领导，杨成立同志充分发挥党员领导干部带头引领作用，发扬艰苦奋斗的优良作风，凡事亲力亲为，为全州档案文献遗产名录工作做出了突出贡献。2017 年，四川省档案局公布了第一批"四川省档案文献遗产名录"，阿坝州"羌族《刷勒日》文献""清代卓克基、沃日等土司藏文档案""清代芦花等土司头人汉藏文档案"和"明代洪武驿符"成功入选，数量位居全省各市（自治州）前列，得到四川省档案局的表扬。同时，杨成立致力于阿坝州档案文献遗产名录的创建工作，各种优质民族档案资源正在持续稳步申报各级档案文献遗产，这可以让阿坝民族档案真正"活起来"。

兰台织经纬，奉献创业绩。我相信，在以杨成立同志为代表的档案文化建设者的无私奉献、艰苦奋斗下，阿坝州民族档案文化研究和档案文献遗产保护将取得更多优秀成果，全州档案事业发展将翻开崭新篇章！

2019 年 10 月 15 日

序三

　　羌族是中国境内最古老的少数民族之一，被历史学和民族学专家称为"民族的活化石"。阿爸许（即"许"，"阿爸"为尊称。又称"释鼓""居""比"等）是羌族古老历史文化的记录者、保存者和传播者，一直在羌族社会中扮演着讲述历史、传播知识、规范行为准则等一类的文化教育角色，是羌族文明和文化的代表。

　　《刷勒日》图经是羌族阿爸许使用的原始图画典籍，是羌族唯一一部流传至今的古籍，只有阿爸许才有资格保管、翻阅、释读和传承。现在羌族没有传统古老的文字，唯一的图画古籍——《刷勒日》图经就显得特别重要、十分珍贵。羌语"刷勒日"意为"变化规律的书"。《刷勒日》图经虽然没有文字，只有图画，但每幅图都有对应的唱经和口诀。使用时，阿爸许按照不同事项，"看图诵经、以图念诀"，辅以特定仪式活动以及用具。传承时，《刷勒日》图经和用具等实物传给下一代传承人，唱经、口诀和仪式规范等非物质遗产则靠口传心授，记在传承人头脑中。因而，羌族"刷勒日"实际是一种既有物质表现形式也有非物质表现形式的濒危活态文化遗产体系。《刷勒日》图经及其唱经、口诀等都只在历代阿爸许当中传承，有非常严格的传承规矩，不许用手翻阅、不许向外人展示、不许私自仿制……以往羌族人办任何事都要请阿爸许查阅《刷勒日》图经再定行止，因而《刷勒日》图经是实实在在的羌族的"天书"，是羌人的"百科全书"，也是羌文化的重要"根脉"。《刷勒日》图经的唱经与口诀内容源于古羌人的信仰，这种信仰深入每一位古羌子孙的血液里，成为族群的基因，要保护和传承羌文化，必须从保护和传承《刷勒日》图经入手。

由于《刷勒日》图经与羌族群众的生产生活息息相关，历史上《刷勒日》图经曾在羌族聚居区广为流传。20世纪30年代，外国学者葛维汉就曾见到过并做了记载。1922年几子营守备杨安邦抄录的唱经至今保留在美国耶鲁大学神学院图书馆，其载："徒众繁多，各传各教，后传至西北羌民一带，而无文字，只以口传心授，无可考查，其经共有八十八段之说。"但经历20世纪的多次社会动荡，现今存世稀少，均保存于四川茂县和汶川偏远地区的阿爸许手中。笔者从20世纪80年代开始接触《刷勒日》图经，30余年来走遍全部羌族聚居区，仅见到6部，且其中1部已于20世纪末流失至境外。这6部《刷勒日》可分为两个版本，分别属于"乌格部"的"娲萨许"和"策格部"的"尼娲许"。两个版本大同小异，都由祭祀图、丧葬图、婚配图、阴阳五行图等组成，主要在献祭、祈愿、禳祓、历算等日常活动中使用，其内容包罗万象，涉及羌族的历史、哲学、信仰等各方面知识。《刷勒日》图经中的图画设计巧妙，构图逼真，人物、动物画像栩栩如生，有极其丰富的文化内涵。它对研究中国民族关系史，研究羌族的历史文化、文学艺术、民间信仰、伦理规范等，均具有重要的学术价值，是羌族的代表性文化遗产。

2008年的汶川特大地震给羌文化带来重创，羌文化的抢救与保护传承受到全国关注。国家档案局、四川省档案局和阿坝州委、州政府都高度重视《刷勒日》图经的安全，为此开展了专项抢救保护工作，笔者也有幸主持参与了这项工作，并最终争取到传承人肖永庆同意，将其所传《刷勒日》图经接入阿坝州茂县档案馆永久保管。笔者独立完成了羌族《刷勒日》图经申报中国档案文献遗产项目的所有申报材料及文本。2015 年 4 月 28 日，《刷勒日》图经入选中国第四批档案文献遗产名录，这大大增强了羌族同胞的文化自觉和文化自信，也为"5•12"以后羌文化的保护提供了强大的动力，是羌文化灾后重建的重要成果。

2019 年 7 月 15 日，习近平总书记在赤峰博物馆接见古典民族史诗《格萨（斯）尔》非物质文化遗产传承人代表时指出：56 个民族不断交流交往交融，形成了多元一统的中华民族。我们中华文明历史悠久，是世界上唯一没有中断、发展至今的文明，要重视少数民族文化遗产的保护传承。对于羌族《刷勒日》图经，我们既要像爱惜自己的生命一样去保护好它，又要使用好、转化好、创新好它，这样才能最终传承好它。而《刷勒日》图经由于受传承规矩森严、古羌语晦涩难解且没有文字、羌族聚居区现代化进程加快等影响，正面临着严重的传承危机，传承濒临断绝。习近平总书记多次强调，要让收藏在博物馆里的文物、陈列在广阔大地上的遗产、书写在古籍里的文字都活起来，这指明了中华优秀传统文化遗产保护与传承工作的努力方向。羌族《刷勒日》图经也只有"活起来"，只有从封闭的传承规矩中走出来，才能更好地传承下去。

阿坝州档案馆为全面开展国家重点档案《刷勒日》的抢救保护工作做出了积极的努力和有益的尝试。州档案馆组织班子编写"走近国家级档案文献遗产——羌族《刷勒日》"丛书，用图文并茂的形式对《刷勒日》图经及其唱经进行多角度解读，使之走出传承规矩，让其"活起来"，同时保持羌文化的原汁原味，从而实现创造性转化与创新性发展。

　　本书中，笔者结合传承人的口传心授、指点以及自身30余年的用心体会，对《刷勒日》图经做了一些粗浅的解读，旨在让更多的人来关注、保护和传承《刷勒日》图经。虽然书中的图片多由笔者所摄、文字皆由笔者所写，但笔者仍然认为这是一项集体成果，即属于阿坝州档案馆、茂县档案馆的兰台人以及全体羌族同胞，更属于《刷勒日》传承人陈文清、肖永庆、何清云、杨芝林、余有陈、肖永刚、杨天荣等各位阿爸许。在此，笔者要衷心感谢为抢救、保护与传承《刷勒日》图经做出过贡献的所有人，希望历经沧桑的《刷勒日》图经和历史悠久的羌文化能在不远的将来焕发新的荣光，走向新的辉煌，为中华民族的伟大复兴凝聚起强大精神力量。

杨成立

2019 年 7 月 30 日

目录

一、引言……………………………………………………… 1

二、《刷勒日》图经的解题……………………………………… 5

三、《刷勒日》图经来历的传说………………………………… 7

四、《刷勒日》图经的谱系与版本……………………………… 13

五、《刷勒日》图经中的图画…………………………………… 18

六、《刷勒日》图经的唱经……………………………………… 23

七、《刷勒日》图经的配套法器………………………………… 26

八、《刷勒日》图经传承人的称谓……………………………… 32

九、《刷勒日》图经代表性传承人……………………………… 36

十、《刷勒日》图经传承阅读的禁忌…………………………… 71

十一、《刷勒日》图经中的十二愿……………………………… 74

十二、《刷勒日》图经中的五行观 ································· 76

十三、《刷勒日》图经中的天干地支 ························· 79

十四、《刷勒日》图经中的礼斗仪式 ························· 82

十五、《刷勒日》图经中的净宅 ····························· 89

十六、《刷勒日》图经中的禹步舞 ························· 92

十七、《刷勒日》图经与羌族修建纳格西的习俗 ·············· 96

十八、《刷勒日》图经与羌族羊毛索卦 ····················· 98

十九、《刷勒日》图经中有关古羌人来历的传说与唱经 ········ 101

二十、《刷勒日》图经中"和成天下，天人合一"的思想 ········ 107

二十一、《刷勒日》图经中的多神崇拜 ····················· 111

二十二、《刷勒日》图经中的承负观 ······················· 132

二十三、《刷勒日》图经的价值 ··························· 133

二十四、研究《刷勒日》图经应注意的问题 ················· 135

附录一：初识《刷勒日》 ································· 145

附录二：羌族尼娲许《刷勒日》图经抢救历程 ·············· 153

附录三：中国档案文献遗产申报书（节略）及立项材料……………… 159

参考文献…………………………………………………………………… 173

后记………………………………………………………………………… 174

目录

一、引言

羌族自称尔玛、日麦、尔芈、芈约、儿麦、乜纳、木雅、莫儿、尔昧、乜纳亥、穆尼亥、冉駹等，现在主要居住在川西北岷江大峡谷两岸。古羌人是中国西部一个古老的族群，早在三千多年前，商代甲骨文中就有关于羌人的记载。羌族也是中国一个具有辉煌灿烂文化的民族。现在的羌族虽然只有语言而无传统古老的文字，但仍然较完整地保持着本族群所独有的民族习俗与民间文化。川西北岷江两岸有草原、高山、深谷，林茂水急，资源丰富，盛产名贵药材，又是国宝大熊猫和金丝猴的栖息之地，更重要的是这里也是江源文明的发源地、大禹故乡。这里有波西遗址、营盘山遗址、沙乌都遗址，还有牟托石棺葬墓群。在今天羌人居住的地方沉淀着丰富多彩的文化，孕育了今天羌文化的丰富性、独特性。

● 茂县营盘山遗址

今天的羌族是古羌人的一支后裔，羌族史诗《羌戈大战》描绘了古羌人的迁徙传奇：由于天灾和战乱，古羌人部落中的一支由九兄弟率领西迁，在西迁过程中相互离散，其中大哥"阿爸白苟"率领的一支

● 羌族人在跳克斯基舞

队伍到达今青海和四川之间的补尕山，遭魔兵追击，陷入绝境，天神木比塔扔下三块白石，变成三座雪山，挡住了追兵。羌人的队伍顺岷江而下，又与当地强大的戈基人相战，天神梦中传意，羌人再次以白石击溃对方，最终定居

● 参加羌历年祭祀的羌族人

● 参加羌历年祭祀的羌族人在祭塔前

下来，阿爸白苟的九个儿子分守九块领地。定居下来的羌人，以多神崇拜和《刷勒日》文化为主要族群特征。以上是传说，而史书也有相关记载。上古时期是古羌人各部落大动荡大分化时期，部落与部落之间的战争连绵不断，胜者为王，败者为寇，弱肉强食，战争导致了部落群体的大迁徙。古羌先民的迁徙可追溯至夏代以前。据《后汉书·西羌传》载："河关之西南，羌地是也。滨于赐支，至乎河首，绵地千里……南接蜀汉徼外蛮

● 羌族《刷勒日》图经

夷……所居无常，依随水草。地少五谷，以畜牧为业。其俗氏族无定，或以父名母姓为种号。"《后汉书》对古代羌人的特征及活动区域做出了详细的记录，并把羌人的迁徙移动以及种别名号与"蜀汉徼外蛮夷"联系起来。羌人神秘的民间信仰(日麦喝斯部基无)民俗文化在日常生活中处处体现，而《刷勒日》图经更是羌文化的宝库。

　　《刷勒日》是古羌人最古老、最神秘、最高深的文化宝典，也是我们今天追寻羌文化之根的重要资料。它以形象化的图案表达古羌先祖们认识世界、自然、人类的各种方法与结论。《刷勒日》主要包含以下信息：一是描绘了古羌人真实的生产活动与生活状况，如服饰、餐饮、劳动工具、习俗等。二是表达了古羌人原始的思想活动和精神崇拜，如太阳崇拜、星宿崇拜、祖先崇拜、生殖崇拜、图腾崇拜等，并进一步表达为"神"和"神话"、"祖先"和"祖绩"等，特别是对有功于人类的祖先功德的传颂与赞美。三是表现了原始艺术活动，如节庆、祭祀、婚礼、葬礼中的艺术活动等，以及原始音乐与舞蹈即具有巫术性质的艺术活动，其中最具代表性的是禹步舞。四是反映了文字与数字的起源。最初的数字主要是为了表达因"观象授时"而产生的

记忆，所以古羌人称数字为"天数"。五是对各种原始的礼仪祭祀活动的现场直播图，如天祭、地祭、人祭、房祭等仪式图。六是各种各样的演易变化过程。羌族的信仰、哲学、艺术、科学技术等亦皆萌芽于《刷勒日》。《刷勒日》为今天的人们研究羌族在天文学、哲学、历史学、医学等方面的成就提供了重要资料，引起民族学界的高度关注，特别是在"5·12"汶川特大地震后，与《刷勒日》有关的出版物也相继出现。但由于传承方式的限制以及古羌语晦涩难懂，学界对于《刷勒日》的解读与研究存在不少偏颇。借《刷勒日》文献入选第四批中国档案文献遗产名录之机，笔者在相关政府部门和单位的支持下，与诸位阿爸许通力合作，完成了对原件的抢救保护工作，并编著本书，让更多的社会公众走近《刷勒日》图经，深入了解悠久而灿烂的羌文化。

二、《刷勒日》图经的解题 ～◎

● 传承人何清云的《刷勒日》局部

在羌族聚居区，《刷勒日》还有"刷切""刷勒资""刷薄""木刷""摩萨"等不同称谓，这主要是方言的发音差异造成的。羌语"刷"是年月日时、天地人物不断变幻的意思，"勒日"直接翻译就是书的意思，还可以翻译为运气，但在这里还有选择、测定年月日时及推演天地人变化规律的意思，所以直译为"变化规律的书"或"测运气的书"，但"变化规律的书"包括不了书里尊天敬祖、天象、地理等内容，"测运气的书"包括不了尊天敬祖、风土人情的内容，故就用羌语发音译为"刷勒日"。"刷切"中的"切"是变化、比较的意思；"刷薄"中的"薄"是问的意思，指问前途、问未来、问日子等；"木刷"中的"木"是"天"的意思，"刷"就是"变化"，记录天上变化的是"天历"。古羌人的天历有三种：太阳历、月亮历、建除历。此外，古羌人还根据北斗星的变化来判断四季更替，《刷勒日》的图画上显示，他们主要是通过斗柄来进行判断。万物按照天的自然规律产生，就必须按照春（羌语

"札给")生、夏(羌语"尼给")长、秋(羌语"西给")收、冬(羌语"属给")藏的经道进行不同的礼俗。图经要求一切要顺随自然,如果违背自然,灾难就会来。"刷勒日"的整个意思就是"天文、历法、占卜、礼仪、祭祀、风尚、祖制等方面的天书"。

《刷勒日》图经没有文字,对图画的解读全部靠阿爸许口传心授。其内容从人类诞生起的神话传说开始,包括太阳、月亮、北斗星、二十八宿、吉星建除的相互关系,及天干、地支、五行的相互关系,生老病死的习俗,各种祭祀活动的仪轨仪式等。

《刷勒日》留存下来的很少,特别是"娲萨许"的版本,到目前为止笔者只发现一部。其原因是多方面的:一是传承规矩严格,全部是家族内部传承,传男不传女,传品德好的,不传品德差的。按照阿爸许的口咒,宁愿毁掉,都不传给不放心的、品德差的子孙。二是复本制作难,要制作复本必须到固定的场所去,制作完成后要由另外的阿爸许校验,校验成功才可以传承,校验不成功则就地销毁,不得带离制作现场。三是现代生活让阿爸许不愿意去固定场所制作复本,因为条件艰苦,生活不方便,远离故土,而且校验太严格,难以成功。四是学习难度大,《刷勒日》没有文字,只有图画,靠口传心授之法传承,而古羌语难以记诵,又不好记录,且羌语的分支众多,难以互通,所以有志学习者很少。

● 存放《刷勒日》图经的羊皮盒子

总之,《刷勒日》是古羌人留给我们年代最早、体系最完整、内容最丰富、最具神秘色彩的绘画典籍,是不可多得的民族文化典籍,我们要加大保护力度、认真研究,代代传承,永续利用。

三、《刷勒日》图经来历的传说 🐚

　　关于《刷勒日》图经的来历，自古至今，众说纷纭，有"伏羲女娲作书说"，有"阿爸比木支作书说"，有"阿爸木纳作书说"，有"娲萨许作书说"，有"尼娲许作书说"等。但以上各种说法都缺乏实在的证据，都是现在羌人的传说。在文献记载缺失的情况下，要想确认其作者并非易事。现在羌文化学者大多数致力于研究《刷勒日》产生的时代，有人认为其产生于人类初期伏羲时代，这是"伏羲女娲作书说"的延续；有人认为其产生于古羌人诞生的时代，这是根据羌族"木吉珠与斗安珠"的传说提出的，即"阿爸木纳作书说"；还有一种从"阿爸比木支"的传说出发，认为阿爸比木支是第一代传人。现在看来，《刷勒日》并非成于一时一地，其内容应该经历了一个不断丰富与完善的过程，是古羌人集体智慧的结晶。

　　这里介绍一下影响最大的"阿爸木纳作书说"，这是尼娲许《刷勒日》的传说。传说开天辟地以后，古羌人有个祖先叫燃比娃，燃比娃娶了天神的三女儿木吉珠，并通过白石把火种盗来人间，天神木比塔将女儿嫁到人间时安排阿爸木纳（又称"阿爸木拉""阿爸锡拉"）陪女儿一起来到人间，专门负责解决人间的一切困难，确保女儿一辈子的幸福。阿爸木纳留恋天上的生活，天天想着回去，三公主不同意，阿爸木纳就没有办法。阿爸木纳开始思考怎样才能让三公主同意自己走，最终他想了一个万全之策：尽快培养一个品德好又聪明的徒弟，让徒弟修炼成为法术高强的阿爸许，代替自己来保护三公主，而他自己就可以回去了。阿爸木纳相中了"眼睛是圆的、头顶是尖的"、人们称之为"巴尼索娃"的人。巴尼索娃恭敬神灵、孝敬父母、心地善良、好助人为乐、聪明好学。巴尼索娃敬重阿爸木纳，阿爸木纳要巴尼索娃发誓三天三夜，跪敬天神九天，然后才可以收他为徒弟。巴尼索娃一一做到了。阿爸木纳法力无边，他牵着巴尼索娃腾云驾雾，先在古羌人的地盘上空走了一圈。巴尼索娃知道师父的本事很大，就决心跟着师父认真学习，为古羌人解除一切苦难。阿爸木纳先教了巴尼索娃三大诀术，即火诀、飞诀、卦诀，然后又教了九种绝技和九大咒，使巴尼索娃上能通天，下能入海，能和神交往，为人谋利，镇鬼压邪，成为神、人、鬼三方的中间人。把这些本事教完后，阿爸木纳要考验巴尼索娃的本事了，看他能不能完成天神安排的任务。

● 羌族尼娲许《刷勒日》图经展开图

　　有一次，阿爸木纳发现妖魔来了，就离开后站在云端看徒弟的本事。巴尼索娃跟妖魔比法，妖魔把巴尼索娃摔到山上，巴尼索娃就钻进一个岩洞里，变成一块石头。妖魔追进岩洞去找，连影子都没有，岩洞里只有一块石头。

妖魔就砍了很多柴，架在石头上烧起了大火，把岩洞和石头都烧红了。妖魔以为把巴尼索娃烧死了，就准备离开，但岩洞里的石头一下子变成了巴尼索娃。巴尼索娃惊人的火诀吓得妖魔跪地求饶。阿爸木纳认为巴尼索娃把火诀修炼得不错，很满意。又有一次，妖魔变成乌鸦，飞到羌寨，准备谋害正在生小孩的一家人，但被巴尼索娃看见了，妖魔变成的乌鸦就站在碉楼上不动。巴尼索娃马上变成一只大鹏鸟，一飞冲天，驱走了乌鸦，拯救了这家人。阿爸木纳看在眼里喜在心头，认为巴尼索娃修炼飞诀也合格了。卦诀是三大诀术中最难的，阿爸木纳亲自设局，考了古羌人的符和化解法，每一种情况巴尼索娃都能过关。阿爸木纳又让巴尼索娃预测一个星期内羌寨里要发生的所有事情。巴尼索娃把师父教授的所有方法灵活运用起来，把自己预测的事情一项一项告诉了师父。阿爸木纳按照时间一一对照，结果全都准确。这样巴尼索娃就学会了三大诀术。另外还有九种绝技和九大咒，能演变出一百零八咒，都学会后才能真正成为天地人之间的通司。阿爸木纳一一传授后告诉巴尼索娃，这些咒深奥无比，变幻莫测，需要天天修炼，永无止境。巴尼索娃牢记师父教导，天天修炼，最终成为古羌人中第一位阿爸许，一辈子做好事，行善积德，造福羌人。

在教会巴尼索娃这些以后，阿爸木纳把日夜思念天神的想法告诉了三公主，并告诉她自己的徒弟巴尼索娃完全能代替自己解除人间的一切苦难，保障人们安居乐业。三公主说她要亲自考验一下巴尼索娃，如果巴尼索娃考试合格了，她就同意阿爸木纳回天庭。阿爸木纳同意了。三公主出了十道题，分别是通阴阳、通五行、通人事、通政务、通天文历法、通天地法则、

● 夜晚巴尼索娃在师父监督下修习

通三德、通占卜符箓、通预兆、通秘咒。在阿爸木纳的暗中帮助下，巴尼索娃全部答对了。从此阿爸木纳回到了天庭，巴尼索娃代替师父守护三公主，保障人间太平。由于阿爸许是天神派来的，所以羌族形成了"日巴许巴"（官有多大许就有多大）的民俗。

临走时，阿爸木纳给巴尼索娃留下了一本神秘天书《刷勒日》，让巴尼索娃按照这本书终生修炼。他告诉巴尼索娃："你虽然通过了三公主的考试，但都是师父暗中帮助才通过的，所以必须进一步修炼，只有如此才能完成师父交给的任务，才能对得起三公主的信任。这本书只能你看，不能给任何没有品德的人看。如果没有品德的人看了，你就犯了师父的戒，就会得到报应，对不起师父，更对不起三公主。"阿爸木纳还给巴尼索娃留下三个神鼓，一个黄的、一个白的、一个黑的，做神事就用白鼓，做人事就用黄鼓，做鬼事就用黑鼓。另外留下了一套服装（猴皮帽子、豹皮褂子、百褶裙等）以及印、令牌、神刀、响盘等。

师父走后，巴尼索娃开始还按照师父所说的天天修行，可时间一长他就懈怠了，结果出了意外。巴尼索娃每次出门都不带神鼓，要用的时候他一施法，不管多远，他的神鼓就会从家中飞去。有一次，他出门去办事，他的老婆在家打扫房间时把他装神鼓的柜子盖住了。恰在这时，他在外面需要神鼓。他施法后神鼓在柜子里飞不出来，把柜子打得咚咚直响。他老婆听到柜子里的神鼓在跳，知道巴尼索娃要用神鼓了，赶快跑去把柜子盖打开。神鼓一下飞出，正打在他老婆的头上，他老婆被打得头破血流，昏倒在地。神鼓飞到巴尼索娃那里，巴尼索娃接过神鼓一看，上面还有血。他心知家里出事了，就赶回家里，把老婆救活了。巴尼索娃知道这是因为自己没有听师父的话，就马上烧香敬拜师父，请师父原谅，从此以后他严格按照师父的要求去做一切事情，按照《刷勒日》天天修炼，成为人间第一位阿爸许。

巴尼索娃一生为民，深受古羌人的爱戴。他对师父阿爸木纳是逢事必请、逢节必拜，非常恭敬，感动了阿爸木纳。阿爸木纳又传授给他通天经文二十四段、人事经文二十四段、镇鬼经文二十四段，这就是流传至今有名的

● 阿爸许法冠上的祖师爷像

● 阿爸许杨芝林法杖上的祖师爷像

"七十二段羌语唱经"。巴尼索娃后来又把《刷勒日》、法器和自己学到的全部传授给了徒弟，代代相传至今。以后的阿爸许在做法事时先要烧柏香开坛请神，请的神当中就有阿爸木纳和巴尼索娃。

娲萨许和尼娲许翻阅《刷勒日》前要请祖师爷，其第一位祖师爷是"阿爸布木斯得夸纳都"，即阿爸木纳；第二位祖师爷是"阿爸俄布俄拉火"，即巴尼索娃。

娲萨许的《刷勒日》持"阿爸比木之作书说"。比木之是天神的儿子，是木吉珠的哥哥。他在妹妹下嫁凡间时画了《刷勒日》，并将其作为礼品赠送给了妹妹，让妹妹带往人间消灾除厄，保障人间太平。木吉珠将《刷勒日》带到人间传给了阿爸许，由此《刷勒日》开始在人间流传。

总之，关于《刷勒日》的由来，没有明确的文字记载，还需要我们在研

究中去发现新的史料及相关证明来做进一步的明确。好在我们还有《刷勒日》本身，虽然没有文字，但一代代阿爸许们以口传心授的方式，把羌族的历史文化、民间信仰、神话传说等传承至今，这对我们未来的研究是非常有利的。

四、《刷勒日》图经的谱系与版本 🐉

据笔者多年调查发现，现存《刷勒日》仅有六部，原所有人分别是陈文清、肖永庆、何清云、杨芝林与龙国志。而这六部又可以分为"娲萨许"与"尼娲许"两个谱系。陈文清所持图经为娲萨许系，其余四家所持图经为尼娲许系。

茂县赤不苏镇中村阿爸许陈文清（羌名：任塔纳）藏本是娲萨许的代表图经，这是崇拜牛图腾的"乌格部"羌人的图经。"乌格"是生活在岷江西南面的羌人的自称，他们自认为是羌人中的贵族。这也是娲萨许唯一的一部《刷勒日》。娲萨许认为自己的祖先是从猴子转变而来的，故其对猴子无限崇拜，戴猴皮帽；牛在其生产生活中占据重要地位，故其在纳格西（石塔子）上挂牛头，把牛王会也确定在羌历年的那天。该版本以白色羊毛布为画布，用天然白色石浆刷底，待阴干后，再用天然矿物颜料在上面绘制而成。其长卷上的每幅图宽 22 厘米、高 25 厘米，现存总长 1728 厘米，但实际总长度则没有办法推测。从留痕看，完整版本应该长于现存版本。其图画色彩丰富，采用了我国传统绘画技艺，人物、动物、植物、符号、建筑等清晰又方便识读，是目前保存较完整的羌族图画文献。据阿爸许陈文清讲，该图经是唐朝时期悉州（今茂县西北部与黑水县东南部）最大的阿爸许到长安去觐见皇帝，给皇帝的贡物，唐朝皇帝知道该贡物独此一份，是羌人祭祀的唯一工具书，故又将其赐给阿爸许，令其带回悉州。赤不苏镇在唐朝时为悉州州治所在地，这部《刷勒日》就一直保存到今天，羌人称为"皇家孤本"。传说绘制者是"阿爸比木之"，"比木之"是传说中最著名的阿爸许，现在在赤不苏镇还有大量有关他的传说，岷江上游的羌人中广泛流传着他的故事，如"比木之捉鬼计""比木之斗法计""比木之救善人计"等。

茂县沟口镇二里寨阿爸许肖永庆藏本是尼娲许的代表图经，这是崇拜羊图腾的羌人"策格部"的图经。策格部是生活在岷江东北面的羌人，以前被西南面的羌人称为"俗人的部落"，策格部的版本是古羌人从河湟地区迁徙到岷江上游时带过来的。该版本是棉纱布质地，先在手工纸上面绘画，然后按照传统裱糊技法裱在棉纱布上，成为现在的长卷。该长卷上的每幅图宽9厘米，高16厘米，现存长度约4米，原长度无法推测，完整版本应该长于现存版本。该版本传说是策格部羌人祖上代代传下来的，具体成图时间与绘制者不可考。根据肖永庆

● 传承人肖永刚讲解《刷勒日》图经的来历

进行法事活动时对自己谱系祖师爷的称呼（如下：阿爸斯主、阿爸麻主、阿爸升儿、阿爸根帕、阿爸井保、阿爸石保、阿爸七儿、阿爸英长保、阿爸长命保、阿爸方喜、阿爸作匹不支、尔舅爷、升木那、庆木那）来看，肖永庆（庆木那）是该图经的第十四代传人，谱系非常明确。该图经影响范围古今相同，一直是现在的沟口镇。据此推断，肖永庆所持图经应该是"阿爸木纳作书说"的一个版本，与羌族"木吉珠与斗安珠"的神话传说一致。

在长期使用中，该图经部分内容受污较重，但其依然是尼娲许几部版本中最完整的一部。策格部认为自己是

● 阿爸许杨芝林讲解《刷勒日》的来历

伏羲女娲的后裔，崇拜伏羲女娲，崇拜太阳山水。尼娲许认为自己的祖先伏羲女娲是戴大耳环的，故称他们为"戴大耳环的许"，尼娲许戴"五幅冠"。因羊在策格部的生产生活中占据重要地位，故策格部羌人在纳格西上挂羊头。

两个谱系的图经基础部分相同，但区别还是不少。相同的是都有祭祀图、丧葬图、婚配图、阴阳五行图、吉凶箭位图、治病驱邪图、阴阳五行属相命运图、六十甲子图、十二生肖图、五瘟图、日月北斗运行图、建除图等，不同的是人身蛇尾神图、二十八星宿图等。据笔者调查，到目前为止，还没有找到能完全解读两部图经内容的阿爸许。要全面解读它们，任重而道远。

● 阿爸许陈文清的《刷勒日》局部

● 阿爸许肖永庆的《刷勒日》局部

其余四个藏本，分别是何清云藏本（两部）、杨芝林藏本、龙国志藏本，这四个藏本都遭到过破坏，留存的部分内容与肖永庆的藏本相通，都属于尼娲许的图经。何清云的藏本有两部，其中一部为绢本，图画直接绘制在绢上面，传说是祖先从大西北迁徙到岷江上游时带来的；另一部分成上下册，实际上是经折装的正反面，上册在纸上作画后再裱到棉纱布上，下册直接画在棉纱布上，两部都是伏羲女娲作书说的版本。龙国志藏本为棉纱布上裱糊手工纸绘画的本子，与肖永庆藏本相似，但绘画风格差异较大，传说是"最大的尼娲许"绘制而成。杨芝林藏本同样与肖永庆藏本质地相似，但内容与风格都差异较大，是保存比较完整的版本，传说是祖先从河湟地区带到岷江上游的，代代相传，是阿爸许的鼻祖绘制而成的。肖永庆藏本、杨芝林藏本和何清云藏本中的绢本在个别地方有后人加上去的汉字。

从两个谱系的《刷勒日》来看，娲萨许的用羊毛布作为载体，综合传记，其历史应该久远一些；尼娲许的三个藏本皆是棉纱布或麻布作底，在手工纸上绘制后，裱糊到棉纱布或麻布上面，或者直接在棉纱布上作画，因而形成年代应该近一些；何清云藏本中的绢本《刷勒日》，其形成年代同样晚于娲

● 阿爸许杨芝林的《刷勒日》局部

萨许的版本。

在理县经过田野调查，没有发现任何类似文献，有的阿爸许只是听说过《刷勒日》，而没有见到过。在汶川，有人新近仿制了两部《刷勒日》的艺术品，但未见到传承下来的版本。

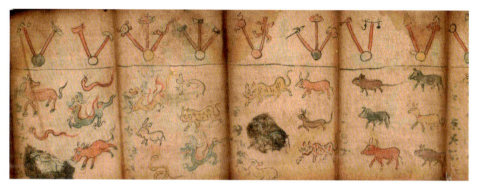

● 阿爸许何清云的《刷勒日》局部

五、《刷勒日》图经中的图画

　　《刷勒日》中的图画都是传统中国画中的写意画，虽用笔简练，但意境深远，具有一定的超现实表现力。《刷勒日》图画有着高度的概括力，有以少胜多、以物代意的含蓄意境，运笔熟练，意到笔随。这些图画具有古羌人绘画的独特艺术魅力，其手法有"虚实相生"的效果；重视艺术与自然的关系，强调"以形写神"，讲究意境、神韵；图画与唱经处处有相通之妙，推崇"画中有经、经中出画、画经契合、完美统一"；图画与舞乐结合，形成"画中有舞、舞中有画，画中有声、声中有画"；在图画中还有大量符号做点缀提示，

● 阿爸许杨芝林的《刷勒日》局部

增加了韵味和美感；每一部《刷勒日》配备相应的印，印与画结合，相映成趣。

  《刷勒日》的图画内容非常丰富，每一幅图画都蕴含了神秘的民间信仰色彩。这些图画的内容是我们今天研究的重点和方向。下面分别简略介绍一下《刷勒日》图画的内容。

  ● 杨芝林的《刷勒日》配套印章

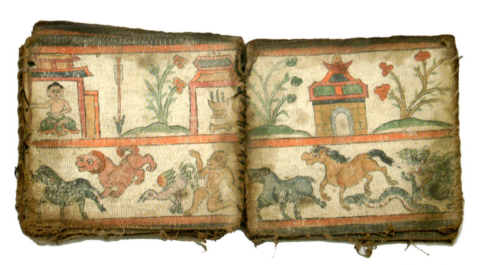

  ● 阿爸许陈文清的《刷勒日》局部

● 阿爸许何清云所持《刷勒日》中的十二元神相合图

　　根据阿爸许陈文清的介绍与笔者的研究，娲萨许《刷勒日》的图画分为：人类诞生图（也称伏羲女娲图，即人身蛇尾神图）、五行图（五行元神图）、吉凶箭位图（建除星神图）、十二生肖图（十二元神图）、六十甲子图（岁神图）、民俗图（祭祀神图、婚姻神图即羊角神图、治病驱邪神图、年神大典图、丧葬神图、纳格西修建图、安神图、净宅图等）、五行生克图（五行元神运化图）、生肖命运图（纳音神图）、十二生肖合化图（十二元神运化图）、太阳运行图（太阳元神图）、月亮运行图（月亮元神图）、北斗星运行图（北斗七星元神图），共十二部分。

　　尼娲许系的《刷勒日》以茂县沟口镇二里寨肖永庆的版本为例，根据肖德升父子三人的释读与笔者的研究，其图画分为：五行图（五行元神图）、吉凶箭位图（建除星神图）、十二生肖图（十二元神图）、六十甲子图（岁神图）、民俗图（祭祀神图、婚姻神图、治病驱邪神图、年神大典图、丧葬神图、纳格西修建图、安神图、拜斗星神图、净宅图、雪山图、匠神图、

● 阿爸许肖永庆的《刷勒日》局部

河神图、酒神图、五谷神图、磨坊神图、粮架神图等）、五行生克图（五行元神运化图）、生肖命运图（纳音神图）、十二生肖合化图（十二元神运化图）、太阳运行图（太阳元神图）、月亮运行图（月亮元神图）、北斗星运行图（北斗七星元神图）、二十八宿星图（二十八宿星君神图）、五瘟使者图（五瘟神图），共十三部分。

　　两个版本没有绘制标准，风格不一，绘画的技法也区别明显，但是表达的意思是相通的。如表现西王母的图画区别较大，但都是"虎齿善啸，蓬发戴胜"的恐怖面目。表现婚姻的图画，一个用的是神的形象，一个是结婚仪式，但表示的意思是明确的、相同的。五瘟图，五瘟都是五个人物形象，只是服装不同，姿态各异，相貌难以对应。祭祀图相同的是祭祀形式，但阿爸许的服装与法器区别明显，包括起祭与结祭的唱经都差别巨大。总之，其图画的

内容基本统一，而形式差别很大。尼娲许的不同版本表达的内容是一致的，图画风格同样差别明显，各家有各家的表述与阐释，唱经的格式也不一样，有的是五句式，有的是七句式，没有固定的模式，音韵各异，各传各教。

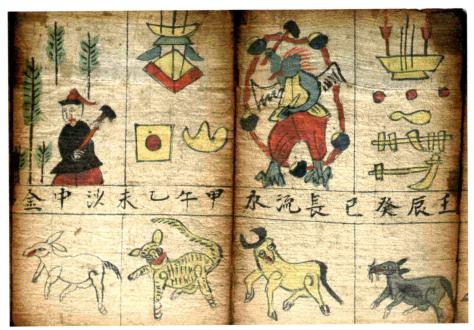

● 阿爸许杨芝林的《刷勒日》局部

《刷勒日》的图画初看起来有趣好懂，唱经中的多数故事也不难理解，但实际上根据图画要认清楚每一段唱经的来龙去脉，了解人物与画面的关系，理解他们的言行举止、深层意义，却并不容易。更有一些图画只有一个物象，唱经只有只言片语，没有故事，不成体系，不知背景，十分难解。可以肯定的是，《刷勒日》简略的图画中包含着羌人对于自然万物、人类社会以及人生的深刻体认成果，信息量巨大。

六、《刷勒日》图经的唱经

　　《刷勒日》中的图画都有自己对应的唱经，这些唱经内容丰富多彩，涉及面广，用语全部是各地的古羌语，阿爸许能唱念，但要精准解读是非常困难的。一般认为尼娲许系的《刷勒日》是七十二段对应唱经，娲萨许系的《刷勒日》是一百零八段对应唱经。现在尼娲许中的阿爸许还有能唱念七十二段经文的，例如阿爸许肖永庆就能唱完。而随着陈文清的去世，现在娲萨许中能念完一百零八段经文的阿爸许就没有了。总之，各个版本的经文都有差别，各有特色，不同阿爸许对这些唱经的使用同样是千差万别，突出了各传各教的特点。每一段唱经的音韵都不相同，其中包含着丰富多彩的民间音乐。即使是相同的经文，有时也是不一样的音韵。

　　这些经文都是根据图画叙述一件件事情，歌颂一位位神仙与祖先。根据不同的图画，阿爸许唱不一样的经文，经文的内容可分为四种类型：第一种是歌颂天地人神的经文。第二种是请各位先祖与师父的经文。

● 阿爸许杨天荣在祭天仪式上唱经

第三种是各类咒语。第四种是各类民俗活动经文,例如:祭山会、婚礼、丧葬等。民俗活动类的经文最丰富,几乎涉及人的一生遇到的所有事情。图画不仅与唱经结合,还与各种舞蹈结合,与法器配合,使用时的场面仪式感特别强烈。

笔者对肖永庆所传《刷勒日》唱经进行了整理。在整理过程中笔者发现,一方面,这些唱经在流传过程中大多经过了人为整理,有较多固定的语句和段落,很有规律,其节奏感、韵律感很强。而另一方面,唱经的开放性特点也是非常突出的,在应用的时候,阿爸许会根据实际场景,变换一些用词,增减一些内容,使其更有针对性,同一段唱经在不同场合唱出来可能字句差距很大,同时对唱经内容的理解还要结合实际情况、传说故事、仪式活动等来理解,所以在外人看来,与其他民族经典有固定版本不同,羌族《刷勒日》唱经"无时无刻不在变化"。阿爸许在举行仪式活动时往往要用到多段唱经,比如肖永庆在进行还大愿仪式时一次就唱了20多段唱经。

● 阿爸许杨宗平在还愿仪式上唱经

由于唱经全部靠口耳相传，没有文字辅助记录，而且羌语分支众多，在代代相传的过程中唱经的字词出现了一些讹转现象，这类问题常常是传承人也不自觉的，导致现今翻译整理唱经难度非常大。

七、《刷勒日》图经的配套法器 〜

　　《刷勒日》图经的配套法器非常多，包括：猴皮帽（羌语：娲萨许达）、五幅冠（羌语：娲许达）、竹帽（羌语：许达）、羊皮鼓（羌语：策巴娲巴）、响盘铃（羌语：策里）、小鼓（羌语：则吴）、神棍（羌语：西第娲桌）、师刀（羌语：属补鲁博）、猴头骨（羌语：娲萨一本

● 陈文清使用的
　 法器

● 肖永刚的
　 法冠

执）、铜鼓（羌语：布补）、羚羊角或木羊角卦（羌语：尔格斯）、猛兽牙（羌语：策吉尔黑或萨格）、木卦（羌语：斯思）、羊毛索卦（羌语：柏阿直都拆或都尼）、铁链（羌语：锡内）、珠子（羌语：帕尔母或普莫）、鹰头骨（羌语：苏巴吃）、法印（羌语：哈扎）、海螺（羌语：践）、印版（羌语：斯扎）、虎皮短裤（羌语：火格塔）、披身豹皮（羌语：资格塔）等。阿爸许对法器特别看重，不容别人触碰，"猴头祖师"自己使用之前也要先洗手，有些法器都不允许别人看。在阿爸许看来，所有法器都是非常神圣的。做法事时，阿爸许必须身穿虎皮短裤或披豹皮，腰围白裙，头戴金丝猴皮三角帽或五幅冠，用猴爪、猴头骨作法器。每一种法器都有特定的功用，使用时根据仪式内容来确定，不得随意使用。除了阿爸许与其徒弟，其他任何人都不可以触碰阿

爸许的法器，这是羌人阿爸许的禁忌。关于各种法器的使用情况，《刷勒日》在图画上有专门的表现。

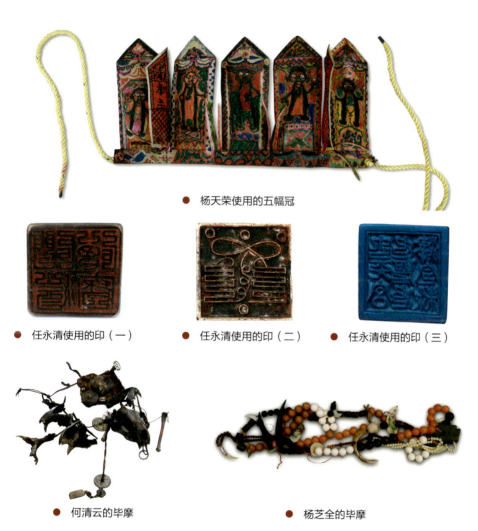

● 杨天荣使用的五幅冠

● 任永清使用的印（一）　　● 任永清使用的印（二）　　● 任永清使用的印（三）

● 何清云的毕摩　　　　　　　　● 杨芝全的毕摩

● 余有陈的拨浪鼓　　　● 法器海螺　　　● 法器响盘

● 法印　　　● 神杖　　　● 赵邦兰的神杖

● 任永清的古老五幅冠　　　● 法器腮针

● 法器羊皮鼓

● 法器羊角卦

● 陈文清的法鼓

● 陈文清的法号

● 陈文清的法铃

● 陈文清的响盘

目录

● 法冠

● 印版

● 杨芝林的日月印底面

● 杨芝林的法印底面

● 肖永庆的铜印底面

● 肖永庆的铜印

● 法器摇铃

● 王治升的法印

● 余有陈的
天罡符箓正面

● 余有陈的
天罡符箓反面

● 余有陈的
五雷符箓正面

● 余有陈的
五雷符箓反面

目
录

31

八、《刷勒日》图经传承人的称谓

《刷勒日》有固定的传承人，这些传承人被羌人尊称为"阿爸许""阿爸比""阿爸居"等，另外还有"释鼓""比波""比布""比木""比土""诗卓""活鲁"等羌语称呼。为什么有此繁多的称谓呢？这是因为古羌部落众多，"九子各居"的区域，"隔山不同的语言，隔水不同的服饰"，羌语的分支众多，所以造成了这种现象。

羌族民间信仰的祭司自称"许""比""居"。在现在的羌族聚居区，特别是在川西北汶川县以南和以西的岷江与杂谷脑河沿岸，这些祭司自称"许"与"释鼓"。而《刷勒日》唱经中对祖师爷的称呼非常统一，都称为"阿爸木纳（拉）"。根据茂县土门镇何清云与沟口镇肖永庆的讲解，这两个地区称《刷勒日》图经传承人为"阿爸居""阿爸比"或"特居格巴斯木"；而根据汶川县绵虒镇王治升讲解，他们称《刷勒日》图经传承人为"阿爸许"，并且还有"阿爸格吉木拉""阿爸册化木拉"等几十种称谓。此外，理县蒲

● 《刷勒日》图经第十四代
传承人肖永刚

● 任永清在给徒弟传授法术

● 肖永庆在解读《刷勒日》

溪乡称"斯多吉比""释鼓";薛城、通化、桃坪等沿杂谷脑河地区，称"质尔格板";汶川县灞州镇称"十打齐莫""阿爸比";茂县赤不苏镇称"诗卓""活鲁""许";茂县沙坝镇称"阿爸许"。即使是同一个片区，不同村寨的称谓也不同，如在茂县沙坝镇，就还有"阿爸力气木拉""阿爸乌什住木拉""阿爸洪木拉""阿爸斯木拉"等其他称谓。这些称谓不尽相同，既是羌族不同支系在文化上的反映，也可能是受不同文化影响的结果。但不管是娲萨许还是尼娲许，其《刷勒日》中最古老的七位祖师爷是一致的：第一位是"阿爸布木斯得夸纳都"，第二位是"阿爸俄布俄拉火"，第三位是"阿爸木纳斯纳火"，第四位是"阿爸函沃尼纳纳"，第五位是"阿爸喀尔许纳直"，第六位是"阿爸基期亦纳居"，第七位是"阿爸亦基依纳呼"。从第七位后，各传各教，谱系也丰富了许多。所以，不管是娲萨许还是尼娲许，都有相同的祖先，这是《刷勒日》反映出来的不争的事实。《刷勒日》图经传承人必须做到"五个不"：一不争，争心虽然人人都有，不能避免，但宜尽量减少；二不贪，不应贪财贪色，执迷不悟；三不求，不要向外奢求，不要做非分要求；四不自私，自私乃所有麻烦之来源，若人人不自私，则天下太平，做阿爸许的人不要存自私心，虽然做不到完全没有，但要尽量去除；五不自利，修行

● 阿爸许王治升

● 阿爸许朱金龙

● 阿爸许余有陈

● 阿爸许杨天荣

可以说是自利，但也是利他，自己做好榜样，则能影响他人也往好的方向去做。阿爸许云：为什么世界不好？因为"我"不好，"我"若是好人，人人也会好。这些先辈教诲一直流传至今，是对传承人的特殊要求。阿爸许从来都是谦虚谨慎的人，每一位师父都这样教徒弟：必须做到厚道，因为厚德能载物，助人能快乐；必须做到善良，因为善良才是人的本性，做人不能恶，恶必遭报应；

必须做到忍让，因为忍一忍风平浪静，让一让天高海阔；必须做到宽容，因为宽容是美德，美德永远没有错；必须做到"糊涂"，其实阿爸许只是不愿计较，从而大度应对；必须做到真诚，有话就直说，违心奉承是应付，忠言逆耳是负责……这样的阿爸许，是羌族社会的道德标杆，拥有如此的高尚品德，才能成为《刷勒日》图经的传承人。

九、《刷勒日》图经代表性传承人

1. 陈文清（羌名：任塔纳）

陈文清生于 1917 年，去世于
2005 年，是四川省阿坝州茂县赤
不苏镇中村人。赤不苏镇位于茂县
县境西北部，与理县、黑水县交界，
距县城 60 余公里。境内有"唐代
左封县故城址"。据传说该镇后村
的瓦斯寨是古羌人娲萨许的发源
地，以后的娲萨许皆是从这里发展

● 陈文清在做法事

● 陈文清传承保存下来的《刷勒日》

出去的。陈文清出生于娲萨许世家，从小跟随祖父阿爸穰、父亲陈萨拉塔学
习《刷勒日》文化，传承《刷勒日》图经一部，是目前所见唯一一部娲萨许《刷
勒日》图经，其保存完整，是羌族《刷勒日》图经的范本。该书封底、封面
皆由香木板包夹，在白色羊毛布上刷上白色石浆用来作画。画卷为折叠式，

双面绘图，图画颜色丰富，有红、蓝、黄、紫、绿、黑、橙各色，都是天然彩料所绘，色彩至今鲜艳清晰。画卷总长 1728 厘米，宽 22 厘米，高 25 厘米。共有图画 108 幅，没有文字注释。传说该书成书于唐代。据陈文清回忆，其相同版本曾在娲萨许中广泛流传，但现今仅存这一部。因为保管严密，外人难得一见。陈文清能独立唱完与娲萨许《刷勒日》图经配套的唱经一百零八段，是唯一能完成古羌人祭山大典仪式的《刷勒日》图经传承人。

● 陈文清的《刷勒日》图经局部（一）

● 陈文清的《刷勒日》图经局部（二）

● 陈文清的《刷勒日》图经局部（三）

● 陈文清的《刷勒日》图经局部（四）

● 陈文清的《刷勒日》图经局部（五）

● 陈文清的《刷勒日》图经局部（六）

2. 肖永庆（羌名：青云）

肖永庆生于 1940 年，是四川省阿坝州茂县沟口镇水若村二里寨人。沟口镇位于岷江上游干旱河谷地带，海拔1500 ～ 2500 米。境内有建于清代的古建筑"铧头嘴碉"和"敖盘群碉"。二里寨建筑大多是石头垒砌的具有明显羌族特色的传统建筑，古羌人世居此寨。沟口镇水若村二里寨是羌人尼娲许的发源地，以后的尼娲许皆是从这里发展出去的。肖永庆出身于尼娲许世家，从小跟随父亲肖德升学习《刷勒日》文化，传承《刷勒日》图经一册，是目前保存最完整的尼娲许《刷勒日》。该书用棉纱布作底，先在手工纸上绘画，再裱糊

● 肖永庆正在唱《刷勒日》唱经

于棉纱布上面。画卷为折叠式，双面绘图，图画颜色丰富，有红、蓝、黄、紫、绿、黑、橙各色，均为天然彩料所绘，色彩至今鲜艳清晰。全书 72 幅图，每幅图宽 9 厘米、高 16 厘米。该书采用我国传统国画的绘画技法，图画色彩丰富，人物、动物、植物表现丰满，保存较完整。由于沟口镇水若村二里寨是羌人尼娲许的发源地，所以肖永庆的这个版本弥足珍贵，是尼娲许《刷勒日》的范本。笔者即据该版本，将羌族《刷勒日》申报列入中国档案文献遗产名录，因此 2015 年 4 月国家档案局公布的第四批《中国档案文献遗产名录》中第二项"四川省阿坝藏族羌族自治州茂县羌族刷勒日文献"最重要的载体就是该版本。肖永庆能独立唱完与尼娲许《刷勒日》图经配套的唱经七十二段，同时又是唯一能完成扯羊毛索卦的《刷勒日》文化传承人。

● 肖永庆的《刷勒日》图经局部（一）

42

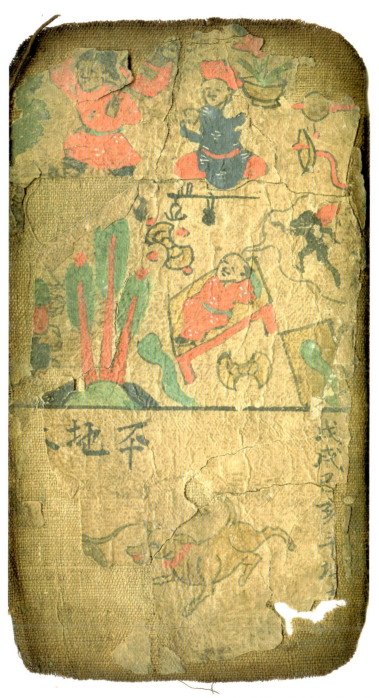

平地

● 肖永庆的《刷勒日》图经局部（二）

● 肖永庆的《刷勒日》图经局部（三）

● 肖永庆的《刷勒日》图经局部（四）

● 肖永庆的《刷勒日》图经局部（五）

● 肖永庆的《刷勒日》图经局部（六）

● 肖永庆的《刷勒日》图经局部（七）

● 肖永庆的《刷勒日》图经局部（八）

● 肖永庆的《刷勒日》图经局部（九）

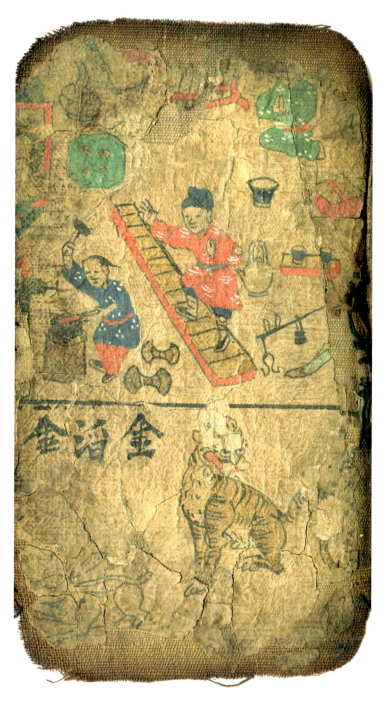

● 肖永庆的《刷勒日》图经局部（十）

3. 何清云（羌名：和林）

何清云生于 1926 年，去世于 2017年，是四川省阿坝州茂县土门镇永和村人。土门镇位于茂县西北部，距县城 20余公里，东邻富顺镇宝顶沟自然保护区，南邻渭门镇，西与沟口镇相连，北与北川县相接。镇政府所在地海拔约 1900米，境内最高海拔 3260 米。何清云出身于尼娲许世家，从小跟随曾祖何次保、爷爷何德全、父亲何永顺学习《刷勒日》文化，后又拜张世清为师学习，传承《刷勒日》图经两部，都是目前保存较完整的尼娲许《刷勒日》图经。其中一部材质是白色绢布，在白色绢布的

● 何清云（左）与徒弟杨天荣

两面绘画。画卷为折叠式，图画有走色的情况，各色之间有相互渗透现象，色彩在不同页面上保留的深浅不一致，个别页面损伤较大。其每一幅图宽 7 厘米、高 14 厘米，现存长度可测，但实际长度无法推测。另一部分上下册，上册用棉纱布作底，再裱上纸作画，下册直接在棉纱布上作画，阿坝师范学院少数民族文化艺术研究所 2010 年将该书原样再版，取名《羌族释比图经》。何清云是尼娲许中"阔基物帕比（拴围腰的许）"的代表性传承人，能独立唱完与尼娲许《刷勒日》图经配套的唱经七十二段，是唯一能完成"禳星接汗"的《刷勒日》文化传承人。

● 何清云的《刷勒日》图经局部（一）

● 何清云的《刷勒日》图经局部（二）

● 何清云的《刷勒日》图经局部（三）

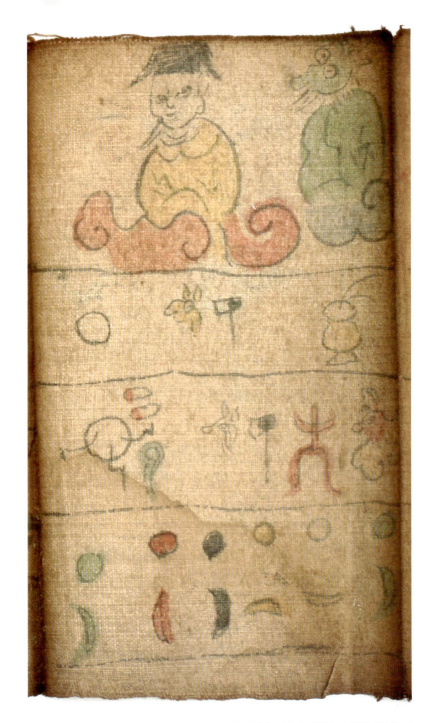

● 何清云的《刷勒日》图经局部（五）

● 何清云的《刷勒日》图经局部（六）

● 何清云的《刷勒日》图经局部（七）

● 何清云的《刷勒日》图经局部（八）

4. 杨芝林（羌名：春林）

杨芝林生于 1939 年，是四川省阿坝州茂县土门镇卡尔寨人。杨芝林出身于尼娲许世家，从小跟随爷爷何朝康、父亲何昌德学习《刷勒日》文化，传承《刷勒日》图经一部，是目前保存较完整的尼娲许《刷勒日》图经之一。该书材质与肖永庆的相同，也是用棉纱布作底，先在手工纸上用天然彩料绘画后，再裱糊于棉纱布上面。画卷为折叠式，双面绘图，图画颜色丰富，各色彩保留完好，鲜艳如初。其每一幅图宽 10 厘米、高 17 厘米，现存长度可测，但实际长度无法推测。杨芝林是尼娲许中"卡尔甲玛比（穿猛兽皮的许）"的代表性传承人，他不仅

● 杨芝林

有《刷勒日》图经一部，而且有所有的配套法器（响盘、羊皮鼓、神杖、印版、法印等），是至今保留阿爸许使用工具最完整的传承人。杨芝林能独立唱完与尼娲许《刷勒日》图经配套的唱经七十二段，是唯一能完成所有法事活动的《刷勒日》文化传承人。

● 杨芝林的《刷勒日》图经局部（一）

● 杨芝林的《刷勒日》图经局部（二）

● 杨芝林的《刷勒日》图经局部（三）

● 杨芝林的《刷勒日》图经局部（四）

● 杨芝林的《刷勒日》图经局部（五）

● 杨芝林的《刷勒日》图经局部（六）

● 杨芝林的《刷勒日》图经局部（七）

● 杨芝林的《刷勒日》图经局部（八）

● 杨芝林的《刷勒日》图经局部（九）

十、《刷勒日》图经传承阅读的禁忌

羌族对《刷勒日》图经非常敬畏，见《刷勒日》图经如见圣真。阿爸许在翻阅《刷勒日》图经之前，均要沐手叩齿，平神静气，恭敬不二。图经不得放于不洁、不尊之处。图经所放之处，必要有所铺垫之物。开卷之前，阿爸许双手捧经，平举齐眉，然后揭开包裹，左手开经。图经上不得涂改、书写，更不得折损、破坏图经。

《刷勒日》图经的使用要求比较多：首先，《刷勒日》图经要放在家里最干净的地方，千万不能放在卧室里。其次，《刷勒日》图经是不能用手去直接翻阅的，而是用"经签"翻阅。如果没有经签，可以用筷子替代，但筷子要在火塘里先去油去秽，然后再用之翻阅。再次，在"不干净"的日子（即月忌的日子）里也不能使用《刷勒日》图经，比如"戊日不能动""己日不破卷"等。最后，使用《刷勒日》图经是神圣的事情，阿爸许在使用前要净手、净口，还要念一段固定的经文，主要内容是恭请各方神仙和自己的各位先师。

正式使用时，请求人先提出自己的要求，阿爸许推算以后才开始查阅《刷勒日》图经，翻阅《刷勒日》图经的顺序是从右向左，查到以后阿爸许按照《刷勒日》图经的图画对请求人进行解读。如果遇到"凶煞"，阿爸许还要按照《刷勒日》图经内容进行破、化、解、生，确保请求人吉祥平安。

● 陈文清在讲解《刷勒日》禁忌

如果是一般的事情（如婚丧嫁娶等）或请求人家庭比较困难的时候，阿爸许就会义务服务，而大的事情，阿爸许就要收取一定的劳动报酬。如果是选择日子或占卜、问卦，阿爸许会根据请求人的八字，分别按照年、月、日、时查到四个结果，再将这四个结果进行分析比较，选择最佳的日子或者针对所求问题做出解答。如果是病痛灾难，不仅要看请求人的八字，还要看得病的时间、地点。能够融会贯通、全面利用《刷勒日》的阿爸许基本上没有了，现今的阿爸许都只会一点简单的选择和测算。《刷勒日》中的图是相互制约、相互补充、相互联系的，在运用中必须联系在一起，不能只看一个方面，而要根据查阅的不同结果进行综合分析，最后才能得出结论。

使用《刷勒日》时，阿爸许还有"六不治"，即请求了阿爸许，阿爸许会予以拒绝的情况。这"六不治"是：不诚不敬者不治，毁谤阿爸许者不治，不信阿爸许、不信因果承负者不治，重财轻命者不治，匪盗大恶、触犯刑律之人不治，不听善劝、无心改过者不治。

《刷勒日》只有阿爸许才能阅读，其他人是没有资格阅读的；只能给男人看，不能给女人看；只能给品德好的人看，不能给品德差的人看，对传承人的品德要求很高。目前，能够解读《刷勒日》的阿爸许越来越少，他们都严格按照《刷勒日》传承规矩的要求，基本上不出山，这也加重了《刷勒日》的传承危机。

《刷勒日》的传承要求非常严格，娲萨许有"五传八不传"，五传：一传忠孝知恩者，二传心气平和者，三传守道不失者，四传真心拜师者，五传始终如一者；八不传：一不传不忠不孝之人，二不传根底不好之人，三不传心术不正之人，四不传鲁莽草率之人，五不传目中无人之人，六不传无礼无恩之人，七不传反复无常之人，八不传得易失易之人。

尼娲许有"六传十不传"，六传：一传爱国、爱家、爱众人者，二传敬神、敬祖、敬父母、敬师父、敬众人者，三传守忠、守孝、守善、守真、守戒者，四传知恩图报、知礼图执、知仁图用、知人图善者，五传与人为善、助人为乐、乐善好施者，六传与道结缘、识缘、续缘、守缘者；十不传：一不传不忠不孝、不仁不义之人，二不传执迷不悟、言语轻狂、自以为是之人，三不传不尊师重道、诽谤师道之人，四不传不敬师、不遵规守法之人，五不传心存邪念、贪财轻命、图谋不轨之人，六不传见色心动、好淫乐娼之人，七不传无诚心诚信、与师道无缘之人，八不传不守秘密揭人隐私或泄露天机及师门道法之人，九不传心怀私念、不懂舍得之道、想不劳而获之人，十不传仇恨心重、怒火攻心、脾气反常之人。

羌族《刷勒日》对传承人的要求非常高、传承规矩森严，加之时代发展变化很快，所以现今《刷勒日》面临着严重的传承危机。从我们调查的情况看，羌族《刷勒日》文化主要集中在茂县、汶川边远地方的古羌寨里，形成了羌族《刷勒日》文化的"孤岛"，这些"文化孤岛"上的阿爸许仅剩数人，且均年事已高。我们现在能够对《刷勒日》进行简单诠释，是改革开放后阿爸许们消除顾虑，重新开始对《刷勒日》进行利用的结果，这其中娲萨许的陈文清、尼娲许的肖德升贡献最大。我们的解读不够全面，也不够深入，有些地方可能也不够准确，但我们必须努力去做，与时间赛跑，为抢救和保护羌文化的重要根脉、传承中华优秀传统文化做出自己的贡献。

● 余有陈在做法事

● 肖永庆在做法事

十一、《刷勒日》图经中的十二愿

在翻阅《刷勒日》前，阿爸许必须诵念十二愿，许上等愿，这是做阿爸许的基本功。关于十二愿的具体内容，目前有两种说法，以下分别列之。

第一种十二愿：今天吉日，百无禁忌，我沐浴净手，心脑宁静，虔诚面对各位师祖师爷，用干净的筷子翻阅神圣无比的天书《刷勒日》，首先祈愿：一愿天下风调雨顺，二愿天下五谷丰登，三愿吾国王万寿无疆，四愿吾国土清平，五愿吾人类民安物阜，六愿吾人类福寿康宁，七愿吾人类灾消祸散，八愿吾人类水火无侵，九愿吾人们聪明智慧，十愿吾等许学道修行成真，

十一愿吾人类诸神拥护，十二愿吾人类亡者超升。祈愿毕，吾可以虔诚认读，恭敬用心，愿师祖师爷赐予圣悟，开天眼界，更好服务吾大众，让人类永续安康。同时还祈愿：一切飞禽走兽，一切蝼蚁蛇虫，一切冤家债主，一切男女孤魂，四生六道，一切灵魂，闻经听法，早得超升。

第二种十二愿：一愿乾坤明素，二愿气象清玄，三愿主躬康泰，四愿融洽

● 《刷勒日》中阿爸许念诵十二愿的图画

八埏，五愿天垂甘露，六愿地发祥烟，七愿四时顺序，八愿万物生全，九愿家多孝悌，十愿国富才贤，十一愿众生授福，十二愿吾道兴行。

十二愿是阿爸许日诵功课时，虔诚发心祈愿的功德事，也是修行、度人的具体表征。故历代阿爸许均依此口诵而心维、奉道并力行之。除了戊日不念，每日发愿修行时必须持诵，即使是在不翻阅《刷勒日》的时间，阿爸许也会在心中默念。

十二、《刷勒日》图经中的五行观

　　羌族《刷勒日》中有一系列五行图画。古羌人认为世界上万事万物皆由阴阳产生，再由五行组成世界，《刷勒日》里有大量的图画反映这一观点。

● 《刷勒日》图经中的五行相生图

五行是指金（羌语：鼓）、木（羌语：得）、水（羌语：资）、火（羌语：木）、土（羌语：勒北）。五行是构成万事万物的五种元素，据阿爸许的唱经所唱："伏羲兄妹最伟大，正定五行生万物，万物生成助人旺，五行始定人道兴。'居'观星辰靠五行，'居'察地理靠五行，'居'测人生靠五行。五行元神护佑羌，要得代代永相传，必求元神万万年、万万年、万万年！"《燃比娃盗火》说："人间四行皆有，唯一没有火而没有生机，故吾盗火而成就五行。"阿爸许根据《刷勒日》的五行图画，考定星历，建立五行，起消息，正闰余。由此可知，五行之

● 阿爸许余有陈在讲解《刷勒日》

说，从古羌人"燃比娃时代"已有之。到了"伏羲女娲时期"，阴阳定论，又把五行同天地、万物、社会运转等联系起来加以阐释和发挥。

《刷勒日》中有五种无常鬼的图画，实际上也用来表示五脏的疾病及相互关系：一是黑无常鬼，可用来表示某人本身有肾脏病，肾属水，黑色，但

● 《刷勒日》中反映五行观的图画

因为水克火，所以也能影响到心生病。二是黄无常鬼，可用来表示某人脾脏有病，脾属土，黄色，但因为土克水，所以也能影响到肾出问题。三是青无常鬼，可用来表示某人肝脏有病，肝属木，青色，但因为木克土，所以也能影响到脾脏生病。四是白无常鬼，可用来表示某人肺有病，肺属金，白色，但因为金克木，所以也能影响到肝脏生病。五是红无常鬼，可用来表示某人心脏有病，心属火，红色，但因为火克金，所以也能影响到肺生病。如此五行相克，五脏的疾病也就会随着这个循环而产生。这只是《刷勒日》中反映五行观的一个例子，五种无常鬼的图画以及《刷勒日》中其他带有五行观思想的图画均有多种用途，包含着丰富的思想，值得深入研究探讨。

● 《刷勒日》中"火生土"的图画　　● 《刷勒日》中"木生火"的图画

十三、《刷勒日》图经中的天干地支

天干地支思想是《刷勒日》的重要内容，要了解《刷勒日》蕴含的丰富信息必须掌握天干地支的知识。阿爸许经常要用天干地支来给人们测算日子、记录日历、占卜预测、行医治病等等。十天干分别是答巴（甲）、阿依（乙）、得依（丙）、尔依（丁）、斯达（戊）、阿尼（己）、尺格（庚）、的来（辛）、麦阿（壬）、拍鲁（癸），都有特殊的含义。十二地支是依合基（子）、依子依（丑）、居都嗦（寅）、热木基（卯）、伍木窝（辰）、伍依主（巳）、永木得（午）、册木且（未）、娲萨玉（申）、永嘿都诶（酉）、苦木嘿基（戌）、达木哈嘞（亥），在《刷勒日》中十二地支分别代表数、时间、方位等。陈文清的《刷勒日》中用十二种动物的形象来表示地支，而肖永庆的《刷勒日》中用人身配十二属相的头组成的形象来表示地支，何清云的《刷勒日》则混合有这两种做法。《刷勒日》中又用不同的颜色表示天干地支的阴阳属性。

天干之间相互搭配，形成了《刷勒日》中的多种天干关系图，例如天干五合图：甲己相合为土，乙庚相合为金，丙辛相合为水，丁壬相合为木，戊癸相合为火。相合者的五行在阴阳上刚好相反，如甲木属阳，己土属阴，乙木属阴，庚金属阳。合局有两种情况：一种是合而能化，一种是合而不化，也就是说只有相合的现象，没有相合的结果。《刷勒日》中还有天干相克图、天干相生图。

地支之间相互搭配，形成了《刷勒日》中的多种地支关系图，例如地支三合局图：寅午戌合化火局、亥卯未合化木局、申子辰合化水局、巳酉丑合化金局。不同的三种地支在一定的条件下失去自己的五行顺从另一种五行特征为地支三合局，形成一种力量更大的五行局势。《刷勒日》中还有地支相生图、地支两合图、地支相冲图等等。

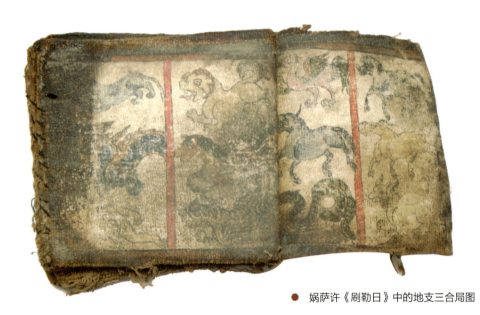

● 娲萨许《刷勒日》中的地支三合局图

天干地支相互搭配，形成了《刷勒日》中的多种天干地支关系图，例如六十甲子图、六十纳音图等等。

天干地支结合阴阳搭配，形成了《刷勒日》中的多种天干地支阴阳关系图，例如天干地支阴阳相克图、天干地支阴阳相生图等。

天干地支又结合五行相互搭配，形成了《刷勒日》中的多种天干地支五行关系图，例如天干地支五行相合图、天干地支五行相冲图等，这些在羌族"铁板算"中应用尤其广泛，成为羌文化最神秘的部分之一。

● 尼娲许《刷勒日》中的地支图

天干之间相互搭配、地支之间相互搭配、天干地支相互搭配、天干地支结合阴阳相互搭配、天干地支结合五行相互搭配，从而在《刷勒日》中表达出无穷无尽的意义。阿爸许在看图的时候，要结合唱经等来解读出其中蕴含的千变万化的意义。

● 笔者与阿爸许杨芝全探讨《刷勒日》中的天干地支

十四、《刷勒日》图经中的礼斗仪式

礼斗俗称"拜斗"，古羌人的礼斗仪式是指阿爸许设塔供养天界北斗七星，以求赐福赦罪解厄、送子驱邪治病，是一种延生赐福、消灾解厄的仪式。这种仪式一般是以礼拜北斗七元星神为主。传说昔日阿爸木纳悯念众生多有灾厄苦恼，于是在羌历正月初七日，降下《刷勒日》并传授阿爸许礼斗解厄延生之法。当确定了举行礼斗仪式的日子后，阿爸许在羌寨的神树林中设立斗坛即拜塔子，然后围绕斗坛开展仪式。由于北斗七星是人神之主宰，"有图生注死之功，消灾度厄之力"，所以阿爸许一般不会做礼斗仪式，担心自己"法力不济"，不能完成礼斗使命。

《刷勒日》中的北斗有九颗星，称为"九皇星"，其中七颗星明显，两颗星昏暗，通常说的"北斗七星"指七颗亮星。这七颗亮星是不同属相人的夺命星，那两颗隐星是"辅星"及"弼星"。

礼斗仪式中要用到七种法物：斗（羌语：部得），代表宇宙、诸天，因天圆地方，故斗作圆形。青稞（羌语：日），代表星辰，宇宙之内布满星辰，故将青稞置入斗中。青稞斗之

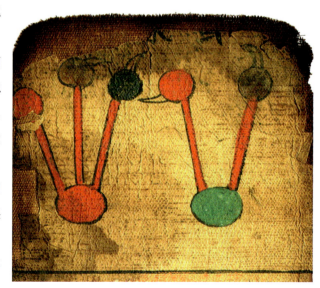

● 《刷勒日》中的斗柄图

上放置铜镜（羌语：哈密纳）、剑（羌语：只格）、剪刀（羌语：西部）、秤（羌语：得赐）、尺子（羌语：依都）五种法器，以合五方五灵和五行之数。五种法物中间放置油灯，点燃后务使长明不灭，含生生不息、焕采十二元辰之意。点燃七盏斗灯以象北斗七元真神，修斋设塔，酌水献花，祈祷众真，念诵北斗七元真神名号以及北斗真经。古羌人认为礼拜"斗真"，就可以消灾解厄，延生获福。

古羌人流传下来的礼斗仪式基本过程如下：

一是选择礼斗的日子。阿爸许分四季选择日子，看北斗七星的斗柄与羌寨方位的关系，如果两相吻合，就是做礼斗的日子了。礼斗的日子必须在举行仪式的一个星期以前确定，还要避开破日、戊日、忌日等特别的日子。

二是礼斗前的准备工作。日子确定了，羌寨的当家人要一起商量礼斗的相关事宜，按照阿爸许的要求明确各自的职责，分工负责，听从会首的安排，提前一天把祭塔纳格西周围打扫干净。每家每户要准备刀头一块，太阳馍馍、月亮馍馍、小馒头若干，用来礼斗献祭。阿爸许提前一个星期不吃姜蒜，不与爱人同房，清静身心，焚香诵经，叩拜北斗七星，叩拜自己本命所属星君神，广陈供养，消除罪业。参加的男人们前一天要在自家的神龛前向神敬告次日参加礼斗的情况，然后把所有要献祭的祭品放在神龛前敬家神，用柏香解秽，确保祭品干净。

三是正式开展礼斗仪式。在会首号召下，羌寨的男人们在指定的地点集合，阿爸许要对所有参加礼斗仪式的男人们解秽。阿爸许手拿燃烧的柏香，口念解秽神咒，围绕所有男人们转三圈，完成解秽。阿爸许带领大家向羌寨的纳

● 礼斗仪式使用的法杖

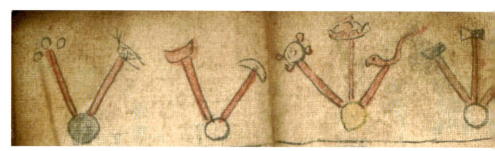

格西出发，到了纳格西前，阿爸许要燃烧一堆柏香，让所有人从柏香上面走过，走近纳格西。纳格西周围也要解秽。当所有男人都坐在纳格西前面时，阿爸许手持柏香开始围绕纳格西再次进行解秽，念解秽神咒。他围绕纳格西转三圈之后，仪式才正式开始。

仪式的第一步是会首布置塔场。把装满青稞的斗放在纳格西前面的正中央，青稞斗之上放置铜镜、剑、剪刀、秤、尺子五种法器。五种法物之中放置油灯，点燃后鸣枪放炮，表示一切就绪，仪式开始。

第二步是阿爸许带领大家跳禹步舞。阿爸许先在纳格西前布罡步点，在每一个点上用石头画一个圈，按照七步九星来布罡点，七个罡点画得很大，另外两个画得小一些，七个大的罡点代表七颗显星，两个小的罡点代表两颗隐星。阿爸许按照每个人的所属之星，把所有人分成七类，第一类是属贪狼星之人（即子年鼠相生人），全部进入贪狼所属罡点；第二类是属巨门星之人（即丑年牛相、亥年猪相生人），全部进入巨门星所属罡点；第三类是属禄存星之人（即寅年虎相、戌年狗相生人），全部进入禄存星所属罡点；第四类是属文曲星之人（即卯年兔相、酉年鸡相生人），全部进入文曲星所属罡点；第五类是属廉贞星之人（即辰年龙相、申年猴相生人），全部进入廉贞星所属罡点；第六类是属武曲星之人（即巳年蛇相、未年羊相生人），全部进入武曲星所属罡点；第七类是属破军星之人（即午年马相生人），全部进入破军星所属罡点；代表两颗隐星的罡点一般是空位，没有人进入，各放大白石三个，提醒人们不要进入隐星位，因为进入了隐星意味着不吉利。

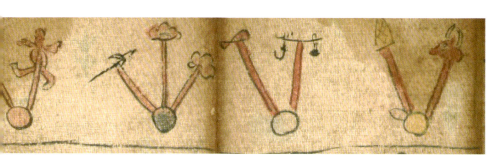

分类完成后，阿爸许开始带领大家踏罡点，准备跳禹步舞。大家按照阿爸许羊皮鼓的鼓点在各自所属罡点踏步，节奏按照阿爸许羊皮鼓的点子快慢进行。阿爸许开始唱经，大概意思是："天地玄黄，照耀开明。人归紫极，元气和真。塔辉三级，罡光七彩。皈知天命，福寿自然……"整个禹步舞由慢到快，形成一个个高潮。

　　第三步是阿爸许主持献祭仪式。所有人按照阿爸许的安排，依次献祭。会首是第一位，要把祭品太阳馍馍、月亮馍馍放在纳格西的最高位。会首把一个不满十二岁的小孩举上纳格西，摆放祭品，再把祭祀用的羊、公鸡、牦牛牵到纳格西前转三圈。然后是每家每户按照阿爸许的安排献祭。阿爸许唱几句经，就有一户去献祭，最后整个纳

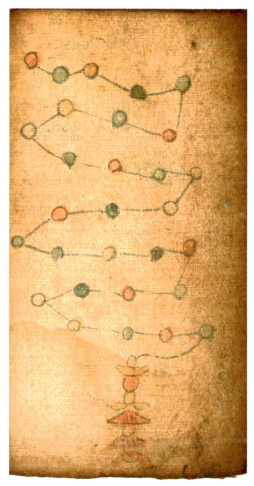

● 《刷勒日》中有关在纳格西前进行礼斗仪式的图画

十四、《刷勒日》图经中的礼斗仪式

格西上都放上了祭品。最隆重的是宰羊、宰牛的仪式，阿爸许给神羊、神牛唱经，并洒水清净，牛羊发抖才能宰杀，表示神接受了羌人的祭品。

第四步是阿爸许启奏北斗七元星神降临并祈愿。所有人在纳格西前跪下，阿爸许面对纳格西，开始唱经，唱经的内容是："今日吉祥，北斗照耀，斗转福善。本命星官，将降吉祥，大吉大利。白爷遗传，自古以来，羌人遵循。积极奉请，北斗星君，虔诚恭迎。恭对星坛，迎请开始，一心拜敬。道场众等，人各恭敬，奉经如法。北辰垂象，祥降瑶阶，塔香供养。汉河群真，

● 纳格西上的祭品太阳馍馍、月亮馍馍

飞降来临，豁然开朗。志心皈礼，朝礼北斗，庄严降临。开始迎接：贪狼太星、巨门元星、禄存真星、文曲纽星、廉贞罡星、武曲纪星、破军关星、左辅洞明、右弼隐光。……今日迎请，羌人感恩，最美食品、最肥牦牛、最大馍馍、最好粮食……全部献上。祈愿七元君神保佑我羌寨人：罪业消除，灾愆洗荡，福寿资命。……恳请解除羌人三灾厄，四煞厄难全部消除；恳请解除羌人五行厄，六害厄难全部消除；恳请解除羌人七伤厄，八难厄难全部消除；恳请解除羌人九星厄，家庭厄难全部消除；恳请解除羌人男女厄，生产厄难全部消除；恳请解除羌人复连厄，疫疠厄难全部消除；恳请解除羌人疾病厄，精邪厄难全部消除；恳请解除羌人虎狼厄，虫蛇厄难全部消除；恳请解除羌人劫贼厄，枷棒厄难全部消除；恳请解除羌人横死厄，咒誓厄难全部消除；恳请解除羌人天罗厄，地网厄难全部消除；恳请解除羌人刀兵厄，水

火厄难全部消除；恳请解除
羌人一切厄，一切厄难全部
消除。恳请、恳请、再恳请！
恳请解除，羌人从此不再有
厄难。……恭对星坛，奉经
如法，众生朝礼。"阿爸许
开始叫礼："白爷传，羌人
守，永感恩。礼字接，星字
跪，心字起。朝拜贪狼本命
太星神，首拜、二拜、三拜
（所有人跪拜三次，下同）；
朝拜巨门元星神，首拜、二
拜、三拜；朝拜禄存真星神，
首拜、二拜、三拜；朝拜文
曲纽星神，首拜、二拜、三
拜；朝拜廉贞罡星神，首拜、
二拜、三拜；朝拜武曲纪星
神，首拜、二拜、三拜；朝

● 《刷勒日》中举行礼斗仪式图

拜破军关星神，首拜、二拜、三拜；朝拜左辅洞明星神，首拜、二拜、三拜；
朝拜右弼隐光星神，首拜、二拜、三拜，拜毕礼收（全部人起立站在坛前）。
天罡七星，河汉群真，三界十方，一切清静，从今以后，羌寨平安，万祸消雪，
普降吉祥，太平永延。……"

第五步是阿爸许带领众人绕坛唱吉祥歌，感恩北斗七元星神对羌人的护
佑，感恩祖先们的福泽。把所有的吉祥歌都唱完一遍后老年人休息，年轻人
继续绕坛歌舞。

第六步是喝咂酒、品美餐。会首早就准备了咂酒，阿爸许开坛，众人按
照年龄大小依次品尝。每家每户拿出自己准备的美食，供大家品尝。

第七步是从纳格西回到会首家。会首会热情招待全寨子的人。

第八步是阿爸许在会首家碉楼楼顶的纳格西前朝拜北斗七元星神。会首准备了丰盛的祭品，布置祭坛，阿爸许仰观天象，告诉人们礼斗仪式带来的吉祥与幸福很快就会降临，希望人们要感恩一切，敬畏上天，敬畏北斗七元星神等，并在纳格西前敲羊皮鼓唱经。

第九步是感谢会首。阿爸许让大家分成两队，从碉楼顶开始唱吉祥歌，阿爸许带领的老年队领唱，老年队唱一句，年轻人跟着唱一句，从房顶唱到大门外，从大门外又唱到房顶，最后在堂屋结束。

现在阿爸许都不愿意再开展礼斗仪式，主要是担心自己"修行不够"，会伤了自己的"元气"。羌族的礼斗仪式现已成为极度濒危的非物质文化遗产。

十五、《刷勒日》图经中的净宅

《刷勒日》图经中有专门的净宅（羌语：出苦）净身图。古羌人认为，当家里接连出现多病多难等不如意的事情时，就应该"净宅安宅"。

现今的羌族中，很多人已不再重视或是不懂净宅这一仪式，但阿爸许却不能不知道。因为无论搬家、看风水还是驱邪、立堂等，净宅都是第一位的。不会净宅，绝对不是一个合格的阿爸许。

净宅又叫安宅，其作用是驱逐外鬼，安顿家神，也就是宅神。整个仪式象征着宅神向四方宣布主权，同时警告外鬼：此宅内之人，都是受我保护的。

● 《刷勒日》中的净宅净身图

净宅的方法很多，最常见的就是用五谷杂粮净宅。五谷杂粮的说法不一，一般是大米、玉米、高粱、绿豆、黑豆（分别为白、黄、红、绿、黑五色，这里也有五行之意）。

净宅前要准备五谷杂粮若干（通常是各三两。大米、玉米、高粱最好是带壳的）、净水三杯、白酒三杯、红布三尺、大碗一个、红纸一张、大馒头五个、木香若干。

方法：将五谷杂粮均匀地混在一起装好，打开房间所有门窗，从室内向门口抛撒五谷，边撒边念："此宅有主，敬告四方，该离须去，当来则往。五谷杂粮，世代供养，宅神归位，闲杂避让！"一直撒到入户门门口为止。随后到厨房，先把红纸平铺在灶台上，再把剩余的五谷装在大碗中，把碗在红纸上摆好，酒、水、馒头都在红纸上摆放整齐，点一把香（三支以上），高举过顶，轻喝一声："宅神已至，灶神归位！"然后双手把香插入大碗内。

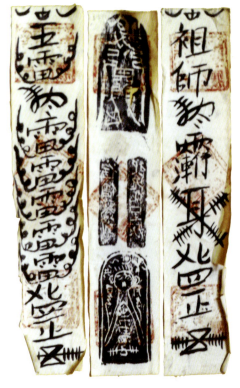

● 阿爸许净宅使用的符箓

香插好后，人最好退到屋外，如不方便，也可留在室内，但不要喧哗。等香燃尽之后，关好所有门窗，此时供品即可撤下。馒头可食用，也可与酒、水、五谷杂粮一同处理掉，撒在地上的五谷杂粮可多留一段时间，往屋里搬东西前处理掉即可。完成上述过程后，把红布折成带子横挂在入户门外面的门框上，三日后取下。如果是搬家，最好再放一挂鞭炮。此净宅法普通人也可以使用。放鞭炮是为了让三界的神、人、鬼都知道，是净宅安宅的"通知"。

净宅仪式现在做得比较完整的是茂县沟口镇二里寨的阿爸许肖永庆，他在做仪式的时候还要念专门的《出苦经》。净宅时首先要采集木香、柳条、桃树枝等十七种或三十三种树枝扎成火把，主人家准备大米、玉米、青稞、绿豆、黑豆、刀头、香蜡。在净宅之前，把房屋清扫干净，阿爸许在屋顶敬天地，然后在神龛前敬主人家的祖先，敬了祖先之后敬附近的神，敬了神之后做"出苦"。阿爸许手持火把，一边念《出苦经》，一边熏房屋与圈室。把所有的房间都熏一遍，净宅仪式才算完成。完成后把火把与家中其他垃圾弃物一起拿到村外的坪神庙前烧掉或埋掉。《出苦经》的全文可参见本丛书中的《羌族〈刷勒日〉唱经》一书，此处不再赘述。

● 阿爸许净宅使用的乾坤圈

十六、《刷勒日》图经中的禹步舞

　　《刷勒日》图画中的舞蹈是"禹步舞"，禹步舞相传是大禹治水、分九州时创立的舞蹈。阿爸许说："今天羌人阿爸许头戴羽冠跳步作法，步魁罡，就是为了纪念大禹，不忘大禹给子孙后代的造福之恩，即谓禹步也。"娲萨许的阿爸许讲解禹步的来源：相传大禹治水时，至南海之滨，见有鸟禁咒，能令大石翻动，而鸟禁咒时必踩出奇异步伐，大禹遂模仿此步伐，运用于治水，

● 《刷勒日》图经中关于禹步舞的图画（分别代表部落首领和阿爸许不同的跳法）

终获成功。由于此舞为大禹模仿创造，人们就称之为"禹步舞"，又由于此舞因鸟而得，所以羌族至今头戴羽冠而舞。

● 阿爸许跳禹步舞时使用的羊皮鼓和鼓槌

● 阿爸许陈文清跳禹步舞时使用过的牛皮铠甲

　　禹步舞要求步罡踏斗，在阿爸许礼拜星斗、召请神灵等仪式过程中经常会用到。阿爸许认为禹步舞不仅有祛灾的功能，而且有敬神的功能。每一位阿爸许最开始要学的就是禹步舞，禹步舞是阿爸许行法的基础。

　　跳禹步舞时要在纳格西的神坛上占方丈之地，铺设罡单，罡单由四灵（青龙、白虎、朱雀、玄武）、二十八宿和九宫八方的图像组成，象征九重之天。阿爸许脚穿云云鞋，一手摇拨浪鼓，一手摇响盘，按星辰斗宿之方位、九宫十二建除之图，以步踏之。

　　禹步之法，先举左足，一跬一步，一前一后，一阴一阳，初与终同步，置足横直，步如丁字，以象阴阳之会。在羌族传统文化中，"三""九"都是具有神秘意义的数字，古羌人认为"三为始，九为大"。而禹步中就暗含有"三""九"这些数字，禹步的"三步九迹"，寓意三元（人身之元精、元气、元神，同时也指上元天罡、中元人罡、下元地罡）九星、三极（天、地、人三才至极之道，北斗枢、璇、玑三星即为代表）九宫，以应太阳大数。跳禹步舞要与握固闭气、掐诀存想等相结合，所以想要掌握禹步之真髓并非易事。一般须跟师父先习五气一年，再习三步九迹星纲一年，经过两年修习之后，才可以临坛步罡行法事。禹步舞的起咒为：有天地，然后有万物；有万物，然后有男女；有男女，然后有夫妇；有夫妇，然后有父子；有父子，然后有君臣；有君

● 阿爸许朱金龙在跳禹步舞

臣，然后有上下；有上下，然后礼义有所兴……

● 跳禹步舞的阿爸许杨芝德

禹步舞的阵形有：方阵、圆阵、疏阵、数阵、锥形阵、雁形阵、钩形阵、玄襄阵、水阵、火阵。羌族禹步舞的阵形主要是根据人数来定，方阵必须是五人才能形成，阿爸许始终在阵形的中央；圆阵必须是七人才能形成，阿爸许有时在中央，有时在前面带头，阵形始终是一个圆形；疏阵必须是九人才能形成，阿爸许始终在阵形的前面，阵形变化较前面两种多；数阵必须九人以上才能形成，阿爸许在阵形的五个点位出现，每一个点位一个阵形；锥形阵必须十人才能形成，阿爸许始终在阵形的前面，变化很快，节奏很快；雁形阵必须是十二人以上才能形成，阿爸许必须是大雁的头，变化多，有快有慢；钩形阵必须是二十四人以上才能形成，阿爸许在阵形当中；玄襄阵三十六人才能形成，阿爸许在阵形的四面八方出现，阵形大，变化时间长，喊声震天；水阵和火阵都是人越多越好，只有这样气势才够雄壮，阵形有时如潺潺流水、有时如白浪滔天，有时如小火微熏、有时如猛火烧天。

掌握了以上阵形，就可以布阵破阵了。古羌人禹步舞的十大阵是一字长蛇阵、二龙出水阵、天地三才阵、四门兜底阵、五虎群羊阵、六丁六甲阵、七星北斗阵、八门金锁阵、九字连环阵、十面埋伏阵。这十大阵是一般的阿爸许不敢布的阵形，必须是德高望重的阿爸许才能布阵，且布阵后还要破阵，如果破不了阵就不吉利。而现在能够完成这些阵的阿爸许也只有一两位了。

十七、《刷勒日》图经与羌族修建纳格西的习俗

　　《刷勒日》中专门有修建纳格西（石塔子）的图画。纳格西在羌语中又叫"拉萨"，是羌族每一户人家、每个寨子、每一片神树林都必须有的神塔，是羌族人祭天的场所。家中的纳格西只供家人使用，不得在纳格西前讲不吉利、不干净的话，非常神圣。羌族人家里有不顺利的事，都会到纳格西前祈祷上天给予帮助，家里有喜事好事同样会到纳格西前感恩上天赐予的幸福与恩惠。建纳格西是新房子建成后最重要的事情。

　　修建纳格西时，首先要请阿爸许利用《刷勒日》选黄道吉日。吉日定下来后，要准备干净的石头与黄泥，不能有污秽。吉日当天，砌匠要招呼土地神、三官神和鲁班先师，告诉神仙们，哪个寨子的哪家人要动土建纳格西，羌族人叫"通帛"，希望建设过程顺利，得到众神的关照。砌完后，砌匠要

● 《刷勒日》中修建纳格西的图画

安神谢土，再与主家的当家人一起用双手恭敬地把"白石神"请到神位上。白石一般是三角形的，代表洁白耀眼的雪山顶，至高无上，内存火种，是天神的化身，也是诸神的代表。白石有多个，最中间是一个大的白石，其周围放三至五个小的白石，小白石周围再放无数的小白石子。

砌匠的工作完成后，就要请阿爸许给纳格西"装脏"，其仪式主要为：念经典，念的经典越多越好，意为里面装的经典内容越丰富，这代表着神灵和智慧；插神树杆（羌语：鲁滋普），表示主人可与天地相通，百事顺遂；放铜镜，象征神明洞察世间万物、善恶；摆历书、五谷，象征神明能调和风雨，使时和岁稔，五谷丰登；燃烧沉香、檀香、丁香、藿香、降香、乳香、木香等，可以驱邪、祛秽、降祥；在神树杆上挂红、黄、青、白、黑五色线，以应五行俱全；放金、银、铜、铁、锡，表示神明能保佑人富贵吉祥；放灵符、香灰，表示神的神通和人能通神；放茶、钱、盐，表示这家人丁兴旺，百病不生，生活得有滋有味。

这些工作完成后，阿爸许要举行第一次家祭祭天，主家的当家人带领全家跪拜，人人都要默默许愿。许愿完毕，阿爸许念《感恩经》，并踩禹步，敲羊皮鼓，唱解秽词，确保纳格西不会被妖孽鬼怪侵犯，永远保持洁净，是一家之圣地。

为使纳格西保持"灵验"，每年大年前还要换新的神树杆，挂新的五色线或放五色纸，献新收的五谷杂粮，并燃烧木香。年年如此。如没有坚持，就要重新祭祀纳格西，到时必须请阿爸许选吉日，清扫不洁，念经典忏悔，再启祭。

十八、《刷勒日》图经与羌族羊毛索卦 🎵

　　《刷勒日》图经有一个重要作用就是占卜，占卜是通过卜卦来实现的。羌族的卦与其他民族的卦不同，是羊毛索卦（羌语：都尼），具有悠久的历史和独特的价值。羌人的占卜即主要通过扯羊毛索卦（羌语：都尼堵）来完成。

　　羌族的羊毛索卦是世界上最古老的卦种之一，它留下了人类先民结绳记事的影子。古羌人的羊毛索卦就地取材，简便易行，体现了"一六共宗"的思想。索卦卦盘由三条纵线和十三条横线纵横交错而成。

● 《刷勒日》传承人肖永庆的全套羊毛索卦用具

现在的阿爸许则在红布上画线表示，古时候是就地画出卦盘。三条纵线表示请回天、地、人三才元神。扯三次索卦，分成天卦、地卦、人卦。而每次又要扯十三卦。全盘索卦是三个十三卦，共三十九卦。每一卦上，根据扯索卦的卦象，分别放上不同的卦子，共有卦子二十种，这些卦子也是就地取材，分别被赋予不同的含义。天卦占卜天机，地卦占卜地理，人卦占卜人运。最后把三排卦进行综合分析，得出占卜的结果。《刷勒日》中有《都尼堵》唱经三段，又有《都尼谛》唱经一段，阿爸许根据《刷勒日》的图画与唱经，结合卦象来完成扯羊毛索卦的占卜活动。羊毛索卦中的三十九卦与《周易》的六十四卦有相通的地方，又有各自的特色，都是我国的古老文化遗产。

　　羌族关于羊毛索卦来历的传说是这样的：很久很久以前，羌族祖先中有一位叫帝阿麦者的帝王和他的大臣兴迫牙，两人商量要到索卦鼻祖阿爸布木那儿去学扯索卦的本领。帝阿麦者和兴迫牙带着仆人勒古替牙三个人到了阿爸布木那儿，说明来意，阿爸布木同意教他们扯索卦。帝阿麦者和兴迫牙就专心地学起来，而勒古替牙也很想学，但自己是下人，没有资格学索卦，只能趁给他们端茶送水的时候偷看偷学一些。就这样帝阿麦者和兴迫牙学了三十九天。阿爸布木见他俩已经掌握了扯索卦的大概方式，基本能够完成扯索卦了，就叫他们回去，让他们以后为羌人大众占卜吉凶祸福，给人们指点迷津。帝阿麦者和兴迫牙回到家乡后就想先试一试，看是否灵验。于是帝阿麦者先给兴迫牙扯了全卦，然后兴迫牙又给帝阿麦者扯了全卦，他们相互破解了卦意，觉得不太灵验，根本不是自己预计的结果，一气之下将索卦丢进火塘里烧了。勒古替牙看到后急忙上前把索卦抓了出来，但是一根索子已经被烧成了六段。勒古替牙将这六段纯白羊毛卦

● 《刷勒日》中有关羊毛索卦来历的图画
（上方红衣戴帽者为帝阿麦者，绿衣者为兴迫牙，下方横着的是仆人勒古替牙，不能与前两位"平起平坐"）

绳整理好，自己用来给当地民众占卜。说来也怪，勒古替牙用索卦给人们占卜每每灵验，于是一传十、十传百，人们都来求勒古替牙给自己占卜。为什么帝阿麦者和兴迫牙扯索卦不灵而勒古替牙扯的索卦这么灵呢？这是因学扯索卦时勒古替牙帮阿爸布木夫人做了很多家务活。夫人看勒古替牙是个勤恳又老实的人，便把扯索卦的密经对勒古替牙说了。勒古替牙牢记在心，又学会了其他一些要领，最终勒古替牙成为古羌人扯羊毛索卦的人间祖师。从前扯索卦时是用一根长长的纯白羊毛搓成的卦

● 肖永庆在展示扯羊毛索卦

绳，从勒古替牙开始，扯索卦的绳子就变成了六段白羊毛绳子。

当前整个四川羌族聚居区只有阿爸许肖永庆能够独立完成扯羊毛索卦，这种古老的占卜形式已成为极度濒危的文化遗产，迫切需要大力保护和传承。

十九、《刷勒日》图经中有关古羌人来历的传说与唱经

在娲萨许《刷勒日》中有专门的人类起源图，与该图有关的有人类诞生的传说和唱经。笔者于三位老阿爸许何清云、龙国志、肖永庆处采集了一些《刷勒日》中有关人类来历的传说、故事和唱经，这些传说、故事和唱经是古羌人对自己族群的历史记忆。

● 娲萨许《刷勒日》中的人类起源图

一、人类来历的传说与故事

1. 白石神的故事

远古时，有一贫一富两个牧人，一个身强体壮，有很多金银；一个身体瘦弱，又很穷困，处于被压迫的地位。有一天，富人偷吃了一头牛，天神木比塔询问穷人，穷人不敢说。天神木比塔心生一计，叫两人张开嘴，看到富人牙齿

留有残肉，案情大白。富人怀恨在心，迁怒于穷人，要求穷人立即归还过去所借的钱粮，并加重利，一斗要五斗的利。穷人无力还清，向天神木比塔申诉。天神木比塔劝富人减轻利息，富人不肯，天神木比塔便想办法惩罚他：将一根麻秆、一根柳杆都去了皮，看不出差别，把柳杆给穷人，麻秆给富人，叫两人互相打，谁先把对方的杆子打断谁就得利。富人一击秆断，但富人为了得利，只好装作秆未断并挺身忍痛接受穷人的抽打，直到穷人的柳杆被打断。两人又争执，天神木比塔又生一计：把一块雪做的假石给富人，白云石给穷人，二者外表无异，叫二人持之互击，谁的先碎谁就败诉。富人一抛即碎，穷人抛过去，打伤了富人的腰骨。富人忍痛逃走，不知去向。穷人向老鸦打听，老鸦说见到了富人，但不愿说出他的去处。穷人骂老鸦黑心黑皮黑骨头，从此老鸦一身黑色。穷人又向喜鹊打听，喜鹊说看到了富人，说他已认罪，永不回来，一切本利，都愿意放弃。穷人称喜鹊为"报喜鸟"，叫喜鹊告诉富人：春夏不化雪的地方，是富人的住处；四季丰收的地方，是穷人的住处，两人的住处从此划定。以后富人永远住在终年积雪的山上，穷人则在地势平坦的地方安居乐业，穷人后代中的一支就是羌族。羌人感谢白云石击败富人的功绩，世代都在屋顶上供奉白云石作为纪念。

2. 戈基人的传说

远古时，羌族曾有一次大迁徙，其中有一支到了现在羌族聚居的岷江上游，在那里他们遇到了戈基人。这种人身材巨大，眉骨突起，牙齿有大拇指指头那么大，头颈很短，头发粗得像马鬃，眼睛不能仰视，有尾巴，尾巴干缩则接近死亡。这种人无牧畜，知播种，不善收获，吃果实、草头、树根，取雨露为饮料，不知击石生火，无协作精神。他们曾仿效羌人种植麻、粟，但因不懂耕耘技术，未能收获。他们住在岩洞里，死后用无底石棺安葬。这种人虽愚蠢，但力气很大。羌族祖先在岷江上游一面耕种，一面和戈基人作战，非常艰苦，曾经打算往别处转移，幸在梦中得到天神的启示：用坚硬的木棍和白云石做武器，作战时在颈上悬羊毛线做标志。如此，果然把戈基人消灭了，羌人从此开始在岷江上游安家落户，繁衍后代。为了纪念神的启示，羌族就用白石代表神来敬奉。近代在茂县的营盘山、汶川雁门镇的山崖上，发现一些石棺，羌族人民称"戈基呷钵"（意为戈基人的洞洞）。

3.人类来历的传说

传说在太古的时候，岷江上游全部是高山峡谷，没有几块平地。在陡峭的岩壁上，有许许多多的岩窝，其中的一个岩窝中有两扇手磨子。上面的手磨子磨眼里长出了一株松树，这就是姐姐，她是舔食松树油长大的。过了五年，下面另一扇手磨子的磨眼里长出了一株青杠树，这就是弟弟。两姐弟长大了，姐姐二十岁，弟弟十五岁。他们想成亲，话到嘴边说不出口，心里始终下不了这个决心，因为世界上哪里有姐弟成亲的？姐弟俩就问阿爸阿妈（手磨子）。阿爸阿妈教他们说："牛儿子拜四方，画个十字，叩四个头。"叩这四个头拜的是："一拜天地爱戴恩，二拜日月水土恩，三拜祖宗行四礼，四拜父母养育恩。"拜完就成了亲。过了一万年他们生出一胎，两年后又生出一胎，又两年生出一胎，于是世界上的人就出现了。

二、人类来历的唱经

根据《刷勒日》图画的内容，笔者又实地采集了两个地区阿爸许的相关唱经并进行了整理，一是汶川县灞州镇龙溪村余世容的经文，其中主要讲述一些地名、寨主名、寨主神名及地域特征，用汉语记音整理如下：

诶祈哦达启呀，哦，比啊都，卡布苦尼阿基，麻格雅沙达启，柔布尼亚古；诶祈哦达启呀，哦，木扎，卡布西夸基，麻格雅卡爪启，柔布日如如古；诶祈哦达启呀，哦，薛纽，卡布苦木不，麻格雅卡瓜启，柔布阴地如古；诶祈哦达启呀，哦，巴甲基，卡布哈佳，麻格雅热依启，柔布卡比阿如古；诶祈哦达启呀，哦，然布，卡布如阿基，麻格雅如阿夏启，柔布如他如古；诶祈哦达启呀，哦，阿尔，卡布比阿布基，麻格雅瓜与启，柔布西波德格；诶祈哦达启呀，哦，列别，卡布兹依基，麻格雅阿爸启，柔布天登如古；诶祈哦

达启呀，哦，瓦巴，卡布瓦依基，麻格雅阿爸启，柔布恰亚如古；诶祈哦达启呀，哦，瓦巴，卡布火夏维，麻格雅和克启，柔布给依比阿；诶祈哦达启呀，哦，莫比阿，卡布恰木苏，麻格雅主火启，柔布日阿巴如古；诶祈哦达启呀，佳比阿，卡布木尼阿基，麻格雅日阿无启，柔布西西比阿格；诶祈哦达启呀，哦，垮波，卡布擦尼比阿嘎基，麻格雅普足启，柔布比阿如；诶祈哦达启呀，哦，纳格册须，卡布支卓波，麻格雅普巴启，柔布主古如古；诶祈哦达启呀，哦，勒国格，卡布苦斯基，麻格雅摩都启，柔布雅古如古；诶祈哦达启呀，哦，木扎，卡布摩哦基，麻格雅如爸启，柔布主巴如古；诶祈哦达启呀，哦，达拉，卡布尼阿木基，麻格雅阿许阿启，柔布巴如古；诶祈哦达启呀，哦，木基，卡布几尼基，麻格雅起主启，柔布黑依如古、撒主如古；诶祈哦达启呀，哦，俄木，卡布各里挂几都则，麻格雅坡巴启，柔布瓦里如古；诶祈哦达启呀，哦，俄布，卡布木陪基，麻格雅木巴启，柔布玛阿嘎夺；诶祈哦达启呀，哦，地勒儿，卡布畏无基，麻格雅苦西启，柔布沃佳如古；诶祈哦达启呀，哦，马德儿，卡布巴斯基，麻格雅佳杂启，柔布拾持日阿古；诶祈哦达启呀，哦，巴甲，卡布查布基，麻格雅苏达启，柔布巴巴如古、窝垮如古；诶祈哦达启呀，哦，日阿波，卡布日阿波基，麻格雅启足启，柔布如巴如古；诶祈哦达启呀，哦，瓦果，卡布阿斯基，麻格雅普主启，柔布格依比阿；诶祈哦达启呀，哦，博尔，卡布苦无基，麻格雅普巴启，柔布比阿促如古。

翻译如下：

诶祈哦达启呀，哦，比啊都羌寨的寨主是苦尼阿基，寨主神沙达启，土地是尼亚古这块上等的土地；诶祈哦达启呀，哦，木扎羌寨的寨主是西夸基，寨主神卡爪启，土地是日如如古这块四方地；诶祈哦达启呀，哦，薛纽羌寨的寨主是苦木不，寨主神卡瓜启，土地是阴地如古这块地；诶祈哦达启呀，哦，二里羌寨的寨主是哈佳，寨主神热依启，土地是这块卡比阿如古的河边地；诶祈哦达启呀，哦，然布羌寨的寨主是如阿基，寨主神如阿夏启，土地是如他如古这块长方形的地；诶祈哦达启呀，哦，阿尔羌寨的寨主是比阿布基，寨主神瓜与启，土地是西波德格这块陡峭的地；诶祈哦达启呀，哦，列别羌寨的寨主是兹依基，寨主神阿爸启，土地是天登如古这块地；诶祈哦达启呀，哦，瓦巴羌寨的寨主是瓦依基，寨主神阿爸启，土地是恰亚如古这块神羊休息之地；诶祈哦达启呀，哦，瓦巴羌寨的寨主是火夏维，寨主神和克启，土地是给依比阿这块房后面的地；诶祈哦达启呀，哦，莫比阿羌寨的寨主是恰木苏，寨主神主火启，土地是日阿巴如古这块大石旁的地；诶祈哦达启呀，哦，佳比阿羌寨的寨主是木尼阿基，寨主神日阿无启，土地是西西比阿格这块有土包隆起的地；诶祈哦达启呀，哦，垮波羌寨的寨主是擦尼比阿嘎基，寨主神普足启，土地是比阿如这块像猪肉一样肥沃的土地；诶祈哦达启呀，哦，纳格册须羌寨的寨主是支卓波，寨主神普巴启，土地是主古如古这块水井地；诶祈哦达启呀，哦，勒国格羌寨的寨主是苦斯基，寨主神摩都启，土地是雅古如古这块丰产地；诶祈哦达启呀，哦，木扎羌寨的寨主是摩哦基，寨主神如爸启，土地是主巴如古这块能看见大河的地；诶祈哦达启呀，哦，达拉羌寨的寨主是尼阿木基，寨主神阿许阿启，土地是巴如古这块种小米的地；诶祈哦达启呀，哦，木基羌寨的寨主是几尼基，寨主神起主启，土地是黑依如古和撒主如古这两块黄土地；诶祈哦达启呀，哦，俄木羌寨的寨主是各里挂几都则，寨主神坡巴启，土地是瓦里如古这块地；诶祈哦达启呀，哦，俄布羌寨的寨主是木陪基，寨主神木巴启，土地是玛阿嘎夺这块寨子下方的地；诶祈哦达启呀，哦，地勒儿羌寨的寨主是畏无基，寨主神苦西启，土地是沃佳如古这块破屋基旁的土地；诶祈哦达启呀，哦，马德儿羌寨的寨主是巴斯基，寨主神佳杂启，土地是抬持日阿古这块崖窝地；诶祈哦达启呀，哦，巴甲羌寨的寨主是查布基，寨主神苏达启，土地是巴巴如古这块坪地和窝垮如古这块又陡又悬的地；诶祈哦达启呀，哦，日阿波羌寨的寨主是日阿波基，寨主神启足启，土地是如巴如古这块很大的地；诶祈哦达启呀，哦，瓦果羌寨的寨主是阿斯基，寨主神普主启，土地是格依比阿这块房后的地；诶祈哦达启呀，哦，博尔羌寨的寨主是苦无基，寨主神普巴启，土地是比阿促如古这块猪槽形状的地。

这段唱经对各个羌寨的名称、寨主名、寨主神名和其所耕种的土地进行

了叙述，是研究羌族来源和分布范围的重要唱经。

二是茂县沟口镇阿爸许肖永庆的《毕勒儿》唱经，也叫《根源唱经》。《毕勒儿》的风格与前述余世容的类似，采用"×××地方的人是×××"的句式，讲述了岷江两岸古时族群的分布情况，其中包含大量的地名、部落名，对于研究岷江流域的族群发展史、羌族迁徙史和地理环境的变迁均有重要价值。《毕勒儿》的具体内容可参见本丛书中的《羌族〈刷勒日〉唱经》，此处不再赘述。

根据传说和唱经来看，羌人的来源是多元的，是不同地域的不同人群融合而成的，所以，今天的羌文化同样是多元的文化，丰富多彩。有关羌族来源的研究，如能与《刷勒日》的图画、唱经和传说结合起来，其结论将更加可信。

二十、《刷勒日》图经中"和成天下，天人合一"的思想

　　《刷勒日》中有大量的和合图，和合是古羌人的核心信仰。首先是由日月运行和合图引申出阴阳和合的概念，继而产生五行相合图，由五行相合图又产生天干相合图、地支六合图、地支三合图……这一系列和合图反映了《刷勒日》中"和成天下，天人合一"的最高信仰。

　　《刷勒日》中的"合"主要是指汇合、融合、联合、配合、适合、契合等等，具体表现为日月相合（阴阳相合）、五行相合、天干相合、地支六合、地支三合等等。

● 《刷勒日》中的日月运行相合图

费孝通先生说："羌族是一个向外输血的民族，很多民族都流淌着羌族的血液。"其意在说明羌族善于融入其他民族中去，而这正是因为羌族有"和合"精神的千年传承。

《刷勒日》中的日月运行相合（阴阳相合）图，是古羌人仰观天象的成果。古羌人认为：只有日月运行合乎天道时，阴阳结合才能生养万物；只有日月按照规律运行，阴阳和合生成的万物才是健康状态的万物。古时阿爸许参照《刷勒日》中的日月运行相合图，推算日食、月食的发生时间，从而指导羌人的生产生活活动。

《刷勒日》中的五行相合图是根据日月运行相合图衍生出来的。合化五行

● 《刷勒日》中的五行相合图

就是甲己合化为土，乙庚合化为金，丙辛合化为水，丁壬合化为木，戊癸合化为火，这五种合化形态构成了五行相合图。合化五行场的天文学背景是朔望月的周期运行规律。一个封闭的朔望月周期是五年，五年中五行场的运行规律是土、金、水、木、火，用天干标记是甲、乙、丙、丁、戊。第六年开始下一周期，五行场的运行规律依然是土、金、水、木、火，用天干标记则是己、庚、辛、壬、癸。这样，从五行场运行顺序的角度来看，土运的天干标志就是甲己，金运的天干标志就是乙庚，水运的天干标志就是丙辛，木运的天干标志就是丁壬，火运的天干标志就是戊癸。古羌人把甲己标志土运、乙庚标志金运、丙辛标志水运、丁壬标志木运、戊癸标志火运称为合化五行。所以合化五行是太阳、朔望月周期与十天干的排列组合结果，并不神秘。合化五行场规律主要应用于五运系统中。

《刷勒日》中的地支六合是指十二地支阴阳两两相合：子丑合土，寅亥合木，卯戌合火，辰酉合金，巳申合水，午未合土。地支六合是根据《刷勒日》中"太阳过山关"的概念确立的：寅月太阳经行亥山，故寅亥相合；卯月太阳经行戌山，故卯戌相合。依此类推，同气相求，二气相感，故有地支六合。地支六合中相合的二支其阴阳气场向对方扩张从而相互交融。六合可以很大程度上缓解六冲的作用力，所以古羌人的传统说法是"合可以解冲"。地支的相合作用势必会减轻相合地支阴阳气场的对外扩张态势，从而削弱其对外生克作用力，《刷勒日》唱经中称为"绊住、合去"。但这时必须考虑相合地支的衰旺状态。如某支旺盛，遇相合，则不但不会削弱该支的生克作用力，反而会激发其五行能量场，使其生克作用力更强。

　　《刷勒日》中的地支三合图是申子辰合水局、亥卯未合木局、寅午戌合火局、巳酉丑合金局。地支三合图同样来源于日月运行规律，地支三合的力量要大于地支二合的力量。合的程度越高，力量越大。这里没有土，因为土是合成万物的基础，土居中央，始终指导四方的运行态势，所以说：中央皇帝，万物之主，离土不能合。

　　古羌人认为：天就是大自然，人就是人类，合，就是互相理解、共生共荣。人与天合、人与地合、人与心合，一个人"三合"即成，必能万事大吉，颐养天年。"和合"是古羌人传统思想中最具生命力的文化因子与内核，是古羌人不断追求的理想境界。

　　《刷勒日》要求阿爸许必须践行"和合"思想，这里的"和合"思想有四个方面。

　　第一是天人合一。"天人合一"有两层意思：一是天人一致。宇宙自然是大天地，人则是一个小天地。二是天人相应，或天人相通、天人感应。人和自然在本质上是相通的，故一切人事均应顺乎自然规律，达到人与自然和谐相通。

　　第二是人心和善。阿爸许必须是内心和善之人。内心平和，才能善念不断；内心不和，难起善愿。

　　第三是和而不同。社会是由不同种族、不同阶层、不同性格的人所组成的，要认可彼此间存在的差异，阿爸许之间也要相互承认他人的优长，通过合作实现共赢。

　　第四是协和万邦。《刷勒日》中描绘各个部落和睦相处的图画表达的就是"协和万邦"的思想。《刷勒日》中蕴涵着天人合一的宇宙观、协和万邦的国际观、和而不同的社会观、人心和善的道德观等等，"和合"成为古羌人思想体系的核心内容。

● 《刷勒日》中各部落友好交往、和睦相处的图画

二十一、《刷勒日》图经中的多神崇拜

多神崇拜是现今羌族信仰的一个特点，其崇拜对象与人们的生产生活息息相关，具有浓厚的生活气息。羌族的多神崇拜来源于万物有灵观念，因为天地万物皆有灵性、神性，所以凡人就应对之保持敬畏之心，去崇拜它们，从而得到它们的庇佑。娲萨许《刷勒日》传承人陈文清所唱的一段《刷勒日》唱经较为典型地体现出了这种思想："我们敬畏天神，就会风调雨顺、五谷丰登、六畜兴旺、人丁安顺，就会没有病痛灾难，没有瘟疫，因为天神把病痛灾难与瘟疫打到阴山背后去了，让它们千年不得翻身，万年不得再来。我们敬畏土地，土地就会奉献给人类无尽的资源，特别是粮食，前仓装满，后

● 《刷勒日》中反映土地崇拜的图画

● 《刷勒日》中尊天敬祖的图画

仓冒尖，前仓用来敬天神，后仓拿来供土地，一年四季吃不愁、穿不愁、用不愁。我们敬畏大山，大山就让我们享受绿色美好环境，享受山珍野味，天天打猎满载而归。猎取野物的头敬山神，皮毛让老人与孩子取暖，肉让老人与孩子先吃，一辈子不愁吃，一辈子不愁穿，真的是在山神保佑下靠山吃山。一代一代传承保护大山，进山不砍神树，进山不乱烧火，进山不说脏话，进山不许开荒，做到了这些，山神就保佑我们上山吃不到毒草，上山遇不到魔鬼，上山遇不到毒药猫。我们敬畏江河，江河就让我们喝上干净的水，享受洁净环境，享受甘露滋润，天天背水桶桶洁净。背回家的第一桶水敬水神，敬了水神敬祖先。一辈子喝的是甘露，一辈子穿得干干净净，过得像清凉水一样甘甜的日子。我们敬畏祖先，祖先就会保佑我们世代荣昌，万代富贵，子子孙孙上孝下廉，忠孝仁义，一家变成九家，九家变成百家，百家变成千家，千家变成万家，一寨变成九寨，九寨变成百寨，百寨变成千寨，千寨变成万寨。我们敬畏灶神，灶神就会上天敬吉言，下地降吉祥，一家人没有是非口角、男盗女娼、六畜瘟疫，把是非口角、男盗女娼、六畜瘟疫打到阴山背后去了，千年万年都不会出现。我们敬畏师父，就会学业精进，呼风唤雨，腾云驾雾，法力无边，善济众人，普度众生。我们敬畏众生，就会福泽四海，和谐共生……我们敬畏《刷勒日》，就会村村寨寨福泽万代、共享太平、国泰民安。"

羌族崇拜的神祇有很多种，大致可以分为五类。

第一类是自然之神，这类神有天神、地神、太阳神、月亮神、星神、云神、雷神、水神、火神、山神、树神、风神、雨神、五谷神等等。

第二类是动物神，这类神有羊神、牛神、马神、猴神、老虎神、喜鹊神、蜜蜂神、鱼神以及传说中的龙神、凤神等等。

第三类是外来融入神，这类神有观音菩萨、佛祖、黄衣喇嘛、玉皇大帝、太上老君、文昌帝君、护法韦驮、十八罗汉、川主、城隍、门神等等。

第四类是本地神，这类神有白石神、白爷神、嘎拉神、房顶神、寨神、仓神、家神、灶神、火塘神、查格神、卦神等等。

第五类是工艺神，这类神有石匠神（即"角角神"）、建筑神（即"柱柱神"）、砌匠神、木匠神、铁匠神等等。对劳动工艺神的崇拜是羌族多神崇拜的特点之一。

这些神祇和多神崇拜现象同样反映在《刷勒日》的图画中。

1.《刷勒日》图经中的天神崇拜

天神是羌族崇奉的神灵中最高位阶的大神，掌管天下万物，也主宰着所有人的吉凶祸福。羌人祭天一般都在每个羌历年的正月初一，另外，在进行其他祭祀之前也要先向天神祈祷祭拜。祭天是羌人的祭祀活动中最重

● 阿爸许肖永刚在主持祭天

● 现今羌族的祭天场景　　　● 阿爸许带领人们进行祭天神的仪式

要的礼祭，禁忌很多。祭天的地点是碉楼或者神树林的纳格西前。如果有人触犯了天神木比塔，就要受到惩罚。古羌人的祭天通常是"红祭"，即要杀牛羊等动物血祭，现今以杀白公羊和公鸡较为普遍。以羊为例，主持仪式的阿爸许准备好五谷杂粮、净水一碗、猪头三只、白公羊一只，念经，淋水，杀羊，再念经。阿爸许带头跳祭祀的舞蹈，然后把羊头放在祭塔上祭祀，羊肉分给人们，羊皮用来制作祭天的羊皮鼓。

祭天仪式由羌人中名望最高的阿爸许主持，其他阿爸许跟着敲打羊皮鼓，歌颂天神木比塔的恩德，并向天神起誓，保证按照天神旨意办理羌人的一切事情。

● 《刷勒日》中的祭天仪式图

2.《刷勒日》图经中的山川崇拜

山川是岷江上游常见的自然景观，与羌人的生活息息相关。山川为羌人提供物质生活资料，同时一些山川的自然现象又使羌人感到迷惑，进而产生敬畏感、神秘感，于是羌人产生了山川崇拜，希望山川能够永远为人们赐福。他们崇拜山神，祈求山神保佑五谷丰登、六畜兴旺、风调雨顺、家

● 《刷勒日》图经中的祭山会仪式图

● 阿爸许余有陈在主持祭山会

● 今日羌族的祭山仪式

人平安。在《刷勒日》中有专门描绘古羌人祭山的图画，并形成了羌族的传统民俗活动"祭山会"。祭山是羌人的大典，祭山时不许进山狩猎、不许砍伐林木、不许带火种进山等。羌人多是将自己居住的寨子周边的山川神化后进行祭拜。

水是生命之源，而水的一些自然现象让人们感到很神秘，于是羌人就产生了对水的崇拜。阿爸许做所有法事都离不开水，现今茂县赤不苏镇的羌族"神水节"还保存比较完整。由水神崇拜衍生了对河神、湖神、泉水神、井神等的崇拜。《刷勒日》中关于河神崇拜主要是一些禁忌内容，告诫人们不要污染河流，否则就会遭到报应。祭水要祭拜活水，不能祭死水，因为活水才有生气。现今羌族聚居区最大的河流是岷江，岷江也是现今羌族的"母亲河"，所以羌族很重视对岷江的保护。"阿爸雅路"是保护岷江的羌人祖先神，他原是一位古羌王，住在现今茂县沟口镇的大岐山。当他继承王位后，岷江积

● 《刷勒日》中祭活水的图画

● 《刷勒日》中祭水的图画

流成海，对下游造成了巨大危害，他在弟弟二郎神的劝说下，一脚蹬垮了红岩子的海子，解除了岷江对下游的危害，并一直看护岷江。民间传说红岩子至今还有阿爸雅路的脚印。后人在大岐山修建了一座庙来祭拜他，即现今茂县沟口镇的岐山大王庙，该庙同时也是祭祀岷江河神的庙。

3.《刷勒日》图经中的日月星辰崇拜

《刷勒日》的图画中有很多日月星辰的形象，特别是太阳元神图、月亮元神图、斗柄图、十二建星元神图、二十八宿图，集中反映了古羌人的日月星辰崇拜思想，内涵十分丰富，这在《刷勒日》中占有重要地位。

这里首先介绍《刷勒日》中的太阳元神图。古时阿爸许通过观察纳格西一年四季的影子变化来了解太阳运行的规律，从而对太阳有了最早的认识，并用图画把太阳运行情况记了下来，形成了《刷勒日》里的太阳运行图。古

● 《刷勒日》中的太阳元神图

羌人的十月历法就是根据太阳运行规律制定出来的，一直使用到今天。阿爸许还要依靠《刷勒日》里的太阳运行图来指导人们的生产生活活动。古羌人非常崇拜太阳，在《刷勒日》唱经里，太阳元神是无所不能的神。

　　《刷勒日》中的月亮元神图是与太阳元神图对应的，一般都是与太阳元神图同时出现，不似太阳元神图有单独出现的情况。月亮元神是古羌人崇拜的重要元神之一。古羌人观察月亮运行规律发明了今天的羌历，即十二月历法。每个羌历年，阿爸许都会公布朔望月的周期，同时教授徒弟观察天象和月亮运行的规律，指导羌人生产生活活动。

● 阿爸许陈礼忠（左）教徒弟观天象

　　《刷勒日》中的斗柄图反映了羌人对北斗星的崇拜。北斗崇拜是与北极崇拜有密切关系的星辰崇拜，北斗七星连在一起形状如同一个斗，所以称为北斗。北斗会旋转移动，一年四季斗柄指向呈规律性变化，《刷勒日》中的图画显示："斗柄指东，天下皆春。斗柄指南，天下皆夏。斗柄指西，天下

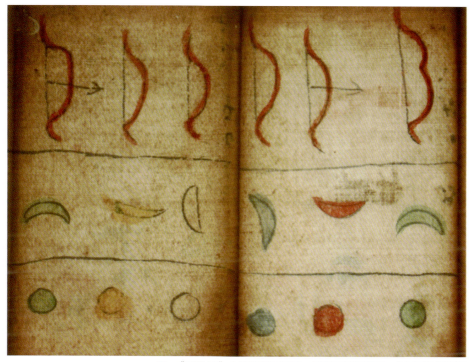

● 《刷勒日》中的建除运行图、月亮元神运行图、太阳元神运行图

皆秋。斗柄指北，天下皆冬。"由于北斗也位于中天，又有一年四季指向不同的特性，所以古羌人认为天上星辰的位置、一年四季、万物生长等都被北斗号令。星空之中，北极星不动，北斗与诸星绕着它运行，在羌人思想中，因北极与北斗而形成

● 《刷勒日》中对应出现的太阳元神图和月亮元神图

了一整套北极星辰崇拜文化。北斗在羌人心目中的地位很高，由此衍生的礼斗文化是羌文化的重要组成部分。羌人认为，北斗的斗柄三星与人的全身相对应，所以，斗柄三星的每一颗星上又绘制了人的头、手、足等。

● 《刷勒日》中斗柄三星与人体器官对应关系图

《刷勒日》中的十二建星元神图反映了羌人对十二建星的崇拜。《刷勒日》中用打猎的箭来表示建星。在不同版本的《刷勒日》中，其用来表示建星的箭的数量不一样。有的版本是十二把箭，有的版本是二十四把箭，有的版本是三十六把箭，但其所要表达的意思是相同的。

● 《刷勒日》中的十二建星元神图

《刷勒日》中的二十八宿图反映了羌人对整个天空星辰的崇拜。但笔者比对发现，娲萨许的《刷勒日》中没有二十八宿图，这是《刷勒日》两大谱系最重要的区别之一。在尼娲许的《刷勒日》当中，二十八宿是以二十八个人物形象出现的。同时尼娲许的《刷勒日》中，肖永庆藏本在人物形象旁边用汉字写上了人物姓名：岑彭、寇恂、朱祐等。这是东汉云台二十八将的姓名，古人曾用这二十八人对应天上的二十八宿，又称为"云台二十八宿"。这反映了汉文化与羌文化的交流融合现象。有关羌族对二十八宿的认识与崇拜乃至羌族对其他星辰的认识与崇拜、羌汉星辰认识的异同和特点等都是学界、外界所忽略的，值得深入研讨，而《刷勒日》提供了羌族有关星辰知识的最好资料。

二十一、《刷勒日》图经中的多神崇拜

121

上述《刷勒日》中的太阳元神图、月亮元神图、斗柄图、十二建星元神图、二十八宿图均饱含着羌族的天文知识，正是根据这些知识，古羌人曾创制了独特的十月历，并传承下来，现今阿爸许仍在使用。《四夷风俗考》云：维州诸羌"岁时不用官历，知岁时者为端公，如辰年则画十二龙，或卧或行，因形而推之，它像亦然"。并说，以此"推算日月蚀及甲子建除，毫厘不差。大率以十月为一岁"。同时羌族用来推算历法和占卜的"铁板算"，其理论来源也是《刷勒日》中的这些天文知识。因为太阳、月亮、北斗及其他星辰具有如此大的作用，所以阿爸许要求羌人不能对天上的太阳、月亮、北斗星及其他星辰指指点点，由此也形成了羌人敬畏上天（日月星辰）的习俗。

4.《刷勒日》图经中的白石崇拜

白石崇拜是羌族的显著特征。著名的羌族民间故事"羌戈大战"记载了羌族白石崇拜的来源。羌人原在水草丰美的西北草原安居乐业，后来受天灾战乱所迫，羌人中的一支在"阿爸白苟"的率领下，迁徙到现在的补尕山（川青交界处），不久他们与敌人发生战争，羌人寡不敌众，在敌兵的追赶下继续迁徙时，幸遇三块白石变成的三座雪山，才挡住了敌兵的追赶，使得羌人死里逃生。后来，羌人又与戈基人发生战争，在屡战屡败之时，天神将白石赠予羌人，羌人用白石击败了戈基人，从此

● 《刷勒日》中祭祀白石神的图画

● 《刷勒日》中的白石崇拜、雪山崇拜、神树崇拜图

羌人在岷江上游重建家园，过上了人畜两旺的安乐生活。由于天神所赐的白石是他们的祖先战胜敌人的有力武器，为了报答神恩，羌人后代便以白石作为天神和祖先的象征，杀牲献祭，顶礼膜拜，每家每户都要在神龛上供奉一块白石，因此，白石崇拜就成了羌人的传统习俗，并一直流传下来。另外，在"燃比娃盗火"的传说中，燃比娃是将蕴藏着火种的白石带到人间才给人间带来了火，这也是羌族白石崇拜的一个来

● 羌族的白石崇拜遗迹

源。供奉白石是一种十分古老的自然崇拜形式。羌族还有巨石崇拜，羌人认为其上附有精灵或者其中蕴藏着超自然力，崇拜它可以消灾免祸。

5.《刷勒日》图经中的火神崇拜

火在人类的发展史上起到了重要作用，有了火人类才可以吃到熟食，从而改善体质。火与人类的生产生活密切相关，火神是羌族家家户户普遍崇拜的自然神之一。《刷勒日》当中也有很多有关火的图画，反映了羌族的火神崇拜。现在羌族人家都有火塘，而且火塘一般处于房子的中央。火塘一年四季必须保留火种，长明火象征着这个家庭永续发展。羌人认为火神就在火塘

支架的铁三足上，不能随便碰铁三足，以免惊动火神。《刷勒日》中便用铁三足象征火神，当家人每天都要祭祀火神（铁三足）。人不能从火塘上跨过，点燃火的时候要礼拜火神。聚会的时候全家围绕火塘而坐，老人坐在火塘上方，两边是男人坐，妇女在火塘下方坐，形成了敬畏火神的民俗礼仪。如果无意冒犯了火神，当家人要撒五谷面粉在铁三足上面，面粉燃烧发出声音，就意味着火神原谅了这家人。因而羌族人家的火塘非常神圣，不仅是一家人聚会的地方，也是火神的居住地。

● 《刷勒日》中的火神崇拜图

6.《刷勒日》图经中的神树崇拜

神树崇拜也是羌族的一大文化特征。羌人把大树、古树、怪树都看成神树，认为神树是神灵所居之处，神树甚至可以主宰人的生老病死。有人生病就是因为触犯了神树。如果小孩经常生病或者发生意外，其家人就会带他去拜神树，并认神树为父母，年年祭祀，让神树保佑小孩像神树一样茁壮成长，根深叶茂。每个羌寨周边都有自己的神树林，神树林中修建有纳格西，每当遇到天灾人祸，人们就要去神树林顶礼膜拜。神树枝繁叶茂，羌人认为今年羌寨就会风调雨顺，人们安居乐业；若神树枯死，羌人认为今年羌寨就会有灾难发生，神树就是羌寨的象征。羌族的祭山大典也是在神树林中举行。祭山前，主持大典的阿爸许要烧柏香熏身，忌吃姜蒜一个月。祭山时，羌人要向山林敬献面牛面羊，然后在阿爸许的带领下转山。阿爸许唱诵经文，大意是：神树林威力无边，人若不敬他，就会禾苗不生，五谷不丰，人畜不安，人若不听神树林的话，就会天塌地陷遭天谴……祭山以后还要祭路，严禁去神树林中砍柴、挖药和狩猎。神树林中的一草一木均不得触动，否则就会给人带来祸患。祭山时各寨要在寨头、寨中、寨尾遍插白色剪纸以示圣洁，各家各户要在门前插上象征生命的绿色长青枝条，寨头还要立一根高高的祭祖桩（又称"迎神树"），祭祖桩上的枝丫分三层，每层又分九、七、三条，分别象征天有九层、地有七层和人有三寿，同时还与天神赐羌人"九杨七柳三柏"的神话有关。传说远古时期没有林木，羌人头顶烈日，脚踏滚烫大地，无处藏身，便祈求天神庇佑。天神令天兵天将将天庭后花园中的九棵杨树、七棵柳树和三棵柏树送往人间，并将自己腰间佩剑扔下人间化为碉楼立于羌寨寨头，为人们遮蔽烈日。此后羌人住地林木繁茂、鸟语花香、百业兴旺，人

● 《刷勒日》中的神树崇拜图

们过上了幸福安康的日子。为答谢天神之恩，羌人便将树神尊为生命之神，也开始了对神树的崇拜。一些羌族聚居区至今还流传着"顶大顶大的是天地，天地之后排神林"的羌族古歌，可见神树林在羌人心目中的重要地位。

《刷勒日》中就有一些图画反映了羌人的神树崇拜。

7.《刷勒日》图经中的土地神崇拜

土地神即地神，对土地神的崇拜是自然崇拜的一种普遍形式。土地是人类的衣食之源，古人祭拜土地祈求五谷丰登，所以羌族祭祀土地神时也一同祭祀五谷神。羌族有"逢戊不动土"的禁忌，一年36个戊日，均不得动土。羌族认为，戊日动土会冒犯土地神，以后土地的出产就会不好，从而产生饥荒。羌族把每年的二月初二作为专门祭祀土地神的日子。

美国耶鲁大学神学院图书馆保存有一份羌人二月初二祭土地神、五谷神的经文：

墨句嘛你自句嘛，墨句自句自多句，自多句墨拙己句，拙己句墨色己坐，色己坐墨士乃低，色乃德墨不批乃，不批阿墨密哈布，密哈布墨何乃茹，你何乃茹，彼乃茹，彼乃茹你自德思低，他自来自，自来委，他格来古古米乌，你止我，博止我，博止格批，勒窝色达，乌米低过，略过鲁，你们登自本们登，本们登自本可登，本可登自喜拙登……

大意是：

马上要看见天上的神了

要看见了，肯定要看见了，肯定看见了天上的神

肯定看见了，这不就是我们看见的天上的五谷神吗？

现在天上的神都在自己的位子上各就各位

我们虔诚地给众神还白牦牛愿，这是最好的感恩

比是凡人，请神是不行的，只有修炼好的阿爸比才能完成请神还愿的任务

不仅要还白牦牛愿，还要还绵羊愿

开始还绵羊愿

● 《刷勒日》中供奉土地神的图画

比将神树枝插在纳格西的上面

神树会将我们的愿望传递给神

众神都知道我们的愿望了

人人都在敬神

虽然我做得好，但离神的要求还很远，还有很多不足的地方

今天所有的阿爸比都在专心做请神许愿的事情

神在最高的位子上了

已经在神龛的位子上了

神来没来？

我已经知道了，真的知道了，神就在那个至高无上的位子上

土地神都到了，可以开坛敬酒了……

● 《刷勒日》中礼拜土地神的仪式图

8.《刷勒日》图经中的动物崇拜和图腾崇拜

动物崇拜和图腾崇拜也是较为常见的现象。《刷勒日》中的动物形象很多，还有十二生肖图以及一些不知名的动物图像。羌人崇拜的动物神中最重要的是牛神和羊神，这显然是因为牛羊与羌人的生活关系最密切。另外，羌族对猴神也很崇拜，这与羌族的神话传说有关。动物崇拜进一步发展为图腾崇拜。现今羌族的两大支系之一乌格部即以牛为图腾，在羌历年那天举办牛王会，

在纳格西上面挂牛头。另一支系策格部以羊为图腾，在纳格西上面挂羊头。《刷勒日》中还把一些传说中的人物或者神灵绘成动物形象或者人首动物身体的形象，这也是图腾崇拜的一种表现，后来便在羌族中形成了每种动物都有神的认识。

● 《刷勒日》中用羊祭祀的图画

● 娲萨许《刷勒日》中的
十二生肖元神图（局部）

● 尼娲许《刷勒日》中的
十二生肖元神图

9.《刷勒日》图经中的祖先崇拜

凡是对人类有重大贡献的祖先及传说人物、神灵都会被羌人尊奉为神，从始祖木吉珠开始，伏羲女娲兄妹、炎帝、大禹等等，都是羌人的神。羌族最隆重的祭祀是祭天，而在每一个家庭中最隆重的祭祀则是祭祖。天神在天上，

● 《刷勒日》中尊天敬祖的图画

● 阿爸许在举行祭天敬祖仪式时使用的印版

● 《刷勒日》中羌人歌颂阿爸白爷等
祖先的仪式图

● 《刷勒日》中羌人唱《斯依得》经
感恩诸神和祖先的图画

家神在家里，羌人家里的神龛便供奉着诸神和祖先，神圣不可侵犯。只要家里有人，神龛的香火一直不能断。《刷勒日》唱经中的《阿爸白爷笛》《木尔勒儿》《斯依得》《斯依出》等等，都反映了羌人对祖先的怀念与崇拜。

● 羌族祭天敬祖的仪式场面

羌族的万物有灵观念和多神崇拜对于研究宗教的起源与发展具有重要价值。从历史文献记载看，今天的羌族在岷江上游地区聚居已有千余年的时间。岷江上游生态环境脆弱、地质情况复杂，但羌族却能够在这里与大自然和谐相处，为保护岷江上游生态环境做出了重要贡献。千余年来，羌族始终敬畏自然、崇拜自然，基于此观念而形成的羌族祭山会、祭水会、祭神树林会等活动也已成为现今羌族独具特色的民俗活动。在当前倡导绿色发展理念的背景下，《刷勒日》蕴含的生态智慧、环境保护意识值得借鉴。

二十二、《刷勒日》图经中的承负观

"承负"即阿爸许所言"前人积德，后人得顺"，"承负观"也就是古羌人的报应观。羌族至今认为人的命运是有承负的，承者为前，负者为后，周而复始，所以对祖先格外崇拜，这是羌族的特点之一。基于承负观，羌族认为人的吉凶祸福都是缘于祖先以前的所作所为，一人作恶殃及子孙，一人行善福泽后代。大凡有人生病，阿爸许就会认为这可能是病人的祖辈或者病人以前做了错事，从而给病人带来了病痛。《刷勒日》图经中有一幅看阴过阳图，就是病人生病在床，阿爸许用鸡罩抓红公鸡祭祀后查看病因。一般阿爸许都会告诉病人，

● 《刷勒日》中的看阴过阳图

在病情好转后要去修桥补路，助人为乐，多行善举，从而弥补祖辈的过错，为自己、为子孙积德。"承负"还有"十世一周""十四世一周"等性质，即十代以前或十四代以前祖宗的行为，仍然会对后代有一定影响，以此来警戒世人要多行善举。

二十三、《刷勒日》图经的价值

《刷勒日》是具有悠久历史的羌人传承至今的唯一一本书,是羌族的"百科全书""天书",其文化价值无可估量。现存《刷勒日》有两个谱系,仅存六部实物,每部都是羌文化的瑰宝,尤其是陈文清所传娲萨许的《刷勒日》,仅见一部实物。《刷勒日》通过图画向今天的人们展示了羌族的神话传说和历史故事,记载着羌族所有关于社会生产生活以及精神生活方面的知识,它让今天的人们了解了古羌人传承文化与文明的方式方法,了解了古羌人的生产生活习惯,了解了羌族的人生观、价值观、世界观等等,是研究羌族不可缺少的第一手材料,是羌文化的核心载体。

● 《刷勒日》中度亡仪式的图画

从具体内容而言,《刷勒日》的价值有以下几点:第一,《刷勒日》是用传统绘画方式形成的独特图画集,里面的图画像"河图"和"洛书"一样,神秘莫测。这些图画是一种少有的、古老而自成体系的、完备的自源性图画,对于研究羌族艺术具有重要价值。第二,《刷勒日》记录了羌族的礼仪规范和习惯法,是研究人类文明史难得的材料。第三,羌族《刷勒日》文化是在原生自然崇拜基础上发展起来的民间信仰文化,是活态的原生信仰文化难得的标本,《刷勒日》对于研究人类的宗教信仰意义重大。第四,《刷勒日》

详细记录了羌族的远古传说，对研究羌族历史、部落迁徙史、民族关系史等意义重大，特别是对中国少数民族的历史研究作用不小。第五，理解羌族《刷勒日》的图画必须通过阿爸许的唱经，这些唱经绝大多数用羌语诗体四字和五字来编排，便于阿爸许吟咏唱叹，朗朗上口，具有很高的文学和音乐美学价值。第六，《刷勒日》中记录了大量天文历算、占算学知识，可作为研究天文学发展史的重要参考资料。第七，《刷勒日》中记载了不少药学、医学知识，如果对这些知识进行认真分析研究和利用，将对现代中医药学的发展起到积极的作用。第八，《刷勒日》中记录有许多仪式程序，如祭祀、丧葬、婚姻等，对于今人研究羌族礼仪及习惯法的形成具有很高的价值。第九，《刷勒日》包含大量的中国传统哲学思想，特别是五行学说在其中占有大量篇幅，对研究中国传统哲学有很高的价值。

总之，《刷勒日》既是羌族的珍贵文物，又包含古羌人大量的非物质文化遗产，是对羌族历史文化、民间信仰、社会伦理、习惯法等全面而细致的历史记录，对研究羌族历史和社会、中国少数民族关系史等，均具有非常重要的价值，珍贵稀有。它不仅是中华民族的宝贵历史文化遗产，也是全人类的宝贵历史文化遗产。

二十四、研究《刷勒日》图经应注意的问题

唯有读史书、读经典，才得见古事所以知今，明人心人性，得借鉴。所以，我们要努力认读羌族唯一的古籍《刷勒日》。《刷勒日》是羌族的文化遗产，内容非常丰富，我们必须继承好、学习好、发展好、转化好、创新好，才无愧于祖先，无愧于文化与文明，无愧于自己古羌子孙的身份。

首先，《刷勒日》里面包含了许多神话传说，而神话传说又是用图画展示的，给后人以无限遐想的空间。这些神话传说曾被一些羌人认为是自己的真实历史，但今人不能笼统地以神话传说代替历史事实，而需要去伪存真，科学取舍，用历史唯物主义的方法去研究考证。从根本上说，《刷勒日》记载的是古羌人关于人的自然性与社会性之间关系的问题，也就是"人之所以为人"的问题，希望每一位羌人都要顺应天地自然和人类社会发展的规律，

● 笔者与阿爸许王治升一起研究《刷勒日》

做一个有利于他人、有利于社会、有利于自然的人。

其次，《刷勒日》里有许多描绘天体运行的图画，这些图画也揭示了一些天体运行的规律，是古羌人集体智慧的成果。但是，每个时代都有每个时代的局限性，其中也有一些想象的成分，古羌人可以通过想象来解释未知的世界，我们今天却不能只通过想象去解释古羌人的世界。我们也不能把当前研究的困难归咎于古人，更不应该"厚诬圣贤"。唯有溯本求源，从一幅幅图画的细微之处窥见真相，从一句句经文中聆听圣贤古训，做到"学真""真学""求真"。

● 笔者与阿爸许杨天荣一起研究《刷勒日》

再次，《刷勒日》里面记载着许多羌族民俗，民俗文化的重要性不言而喻，民俗培育了社会的一致性，增强了民族的认同，强化了民族精神，塑造了民族品格，集体遵从，反复演示，代代传承。但今天与远古遥距几千年，民俗也需要创新发展，以适应新时代的需要，这样才能让图画记忆中的民俗复活，成为今天羌族人共有的文化标识。

最后，《刷勒日》里面记录了许多禁忌，制定禁忌的本意是要人们以积极的行为回避消极的事物。正确认识古羌人的禁忌，不仅有益于我们树立破除迷信的科学观念和保持良好的民风民俗，还能帮助我们深入理解、正确对待传统文化。今天我们对待这些禁忌，不应盲从和复古，也不应完全抵制与放弃。文化自信来自文化自知，束书不观，道听途说，就无法了解文化，更无法实现文化自信。

● 笔者与阿爸许何清云一起研究《刷勒日》

目前，《刷勒日》之所以充满神秘与晦涩，是因为我们对古羌人的世界缺乏了解和认识，缺乏对古羌人那个时代充分的科学考证，缺乏对古羌人生产生活的体验。而要揭开《刷勒日》神秘的面纱，只有靠今人踏踏实实的研究。要想学习好《刷勒日》，笔者认为要从三个方面进行：一是正本清源地学习，开展经典扫盲。要学习诸位阿爸许口传心授的经文，每一幅图画都有每一幅图画对应的经文，只有一字一句地解读，才能学透。不要人云亦云，简单粗疏，没有情感，不知敬畏，随意发挥，臆想杜撰。只有走近《刷勒日》，

● 笔者与阿爸许王治升一起研究《刷勒日》

深入经典，才能在经典中获得营养。真学《刷勒日》，学真《刷勒日》，求真《刷勒日》，不仅在于学习，还要细细品思，结合实际好好体会。二是向历史深处学习，精进开悟慧通。只有沉下心来，踏入古羌人的历史长河中，才能领略这些古老的智慧。只有对民族命运有思考，才会对民族文化有自觉，才能尊重民族的文化，才有勇气为民族文化复兴做贡献。三是认真踏实学习，择善执中至诚。走近《刷勒日》是研究羌文化的起点，有关羌文化的研究必须结合《刷勒日》，因此对于《刷勒日》，我们必须学懂、弄通、做实。只要我们内心坚守一份认真，踏踏实实，数十年如一日用"至诚之心""火眼金睛""执中理性"去做，定能"择善守成"。笔者的体会是《刷勒日》既好读，又难读。好读是指《刷勒日》的图画是清楚的，与图画结合的许多唱经的内容是生动有趣的故事，图画与故事蕴含了简单的道理，让人一看一听就明白了。难的是有的图画得抽象、唱经叙述的故事简略，不知道故事的背景，对于故事背后的深意更觉茫然。即便自己是羌人，又是研究者，也常有不解之处。读《刷勒日》浅尝辄止，满足于故事的趣味性，也未尝不可。不过，作为研究者，作为一个会思考的读者，应该了解故事的真相，探寻蕴藏于图

画与唱经故事中的"言外之意"和"韵外之事"。在新时代，让我们按照《刷勒日》精髓的要求去努力，为羌文化的复兴而不懈工作。

　　《刷勒日》的研究已经起步，让我们按照各位阿爸许的要求，努力完成《刷勒日》的抢救、保护、传承、发展、创新、转化工作，为羌文化的建设再立新功。

● 笔者与阿爸许肖永庆一起研究《刷勒日》

二十四、研究《刷勒日》图经应注意的问题

● 笔者与阿爸许杨芝林一起查看《刷勒日》复制件

● 笔者与阿爸许杨芝全一起研究《刷勒日》

● 笔者与阿爸许余有陈一起研究《刷勒日》

● 笔者与阿爸许朱金龙一起研究《刷勒日》

● 笔者向阿爸许赵邦兰请教

● 笔者向阿爸许肖永刚请教

● 笔者与阿爸许余有陈探讨"毒许"的来源

● 笔者与阿爸许肖永庆、肖永刚一起翻译《刷勒日》唱经

● 笔者与阿爸许肖永庆、肖永刚校对《刷勒日》唱经的翻译文本

● 阿爸许肖永庆、肖永刚在研究《刷勒日》唱经的翻译文本

附录一：初识《刷勒日》

1986年6月，我离开四川省威州师范学校，到茂县最偏远的乡村维城乡（今为赤不苏镇）前村的小学工作。教学之余，没有什么文化生活，出于自己个人爱好，我从当地人中打听那里的文化人，以便了解那里的地域文化。

不久，羌历年到来，那一天，在维城乡中村，中村、前村、四瓦等地的人，全部盛装参加大坪的祭山会。只见主持祭山大典的阿爸许按照《刷勒日》的规定程序，首先在神塔前燃烧起木香，木香燃烧出的火烟如一条飞龙引领他的目光转向大山、蓝天、白云，他默默念诵着吉祥词。当他大声念诵时，族人们都知道今天是非常吉祥的日子了。阿爸许右手高举起羊皮鼓槌，对着羊皮鼓猛敲三下，族人马上按照年龄大小排在了他的后面。他敲打着羊皮鼓，引领所有族人进入"羌文化的大观园"。在阿爸许的带领下，大家围绕祭塔边跳边唱。虽然并不是每个人都明白自己唱的是什么、舞的是什么，但所有人都自发融入进来，就像是受到了某种力量的驱使，不由自主，大家沉浸在庄严、虔诚的氛围中，内心充满感动与自豪。我被深深震撼了，这次祭山会给我留下了终生难忘的记忆。祭山会纯粹是羌人的大典，是羌人的文化盛宴。羌人有这样的文化，我为什么不学习学习呢？

十几年以后，我有幸参与策划了茂县首届"中国古羌转山会"，第一次为全国人民呈现了羌族的原生态表演，引起国内外媒体的广泛关注，得到文化界的广泛认同。而这次活动的提出，就是源于1986年羌历年后我在维城乡认识了任塔纳阿爸许。

当年，我参观完维城乡中村的祭山会回到学校后，就四处打听活动是如何组织的。我的好朋友、维城人王应山告诉我，维城乡中村有一位老阿爸许，可以去认识一下，他对羌文化的认识很深刻，他的羌族名字叫任塔纳，汉语名字叫陈文清，那次羌历年维城乡中村的祭山会就是他主持的。这个消息令我非常激动，刚好第二天是周末，我一早从前村出发，前往中村。

到了中村，根据王应山的介绍，我来到老人家的碉楼门口，老人家正在大门口晒太阳。我一眼认出他就是任塔纳阿爸许，就直接叫他"阿爸"，老人家马上答应，用羌语问我准备到哪里去。我笑笑说："专门来看您的！"老人家满脸笑容地告诉我："今天睡不着，喜

● 娲萨许《刷勒日》传承人陈文清的生活照

鹊叫了一早晨，我知道有贵客来，都等了一阵儿了，快进门，喝一盅热茶。"我仔细打量老人家，他头戴羌族头帕，身着羌族传统服装，面色红润，眼睛炯炯有神。听他说知道我今天要来，我心中暗想，这真是缘分啊！我准备上前扶老人家走，他反应非常快，马上握住我的手说："你不熟，我们这里的房子复杂，跟我走。"老人家牵着我大步进了家门，快到楼梯口就告诉女儿说："把座位安排好，我有朋友来了，把茶上上来！"都说老人家脾气不好，一般不与外人接触，但我与他初次见面的这一幕却令我改变了对他的印象，原来老人家待人这般热情。

进得堂屋，老人家一定要我与他同坐在上位。我自己是羌族人，知道自

己才十七八岁，是根本不能享受这种待遇的，准备礼貌地放开老人家的手，到老人家的左手边坐下。老人家瞪了瞪眼睛，用不流利的汉语说："你和我一起，今天没有那些规矩。"我笑一笑还是没敢坐下，老人家也笑了笑，就用另一只手把我按在他身边。坐在羌族火塘的上方，我很不自在，特别是跟一位近七十岁的老人坐在一起，在我的人生中是没有这种先例的。我对规矩很敬畏，这是羌族人从小养成的习惯，从小就不敢违背。此刻，我心里对老人家更加敬畏了。

老人家刚刚落座，就吩咐他女儿："把放在我房间里的咂酒泡上，今天哪里都不去了，好好喝喝酒。"我这才想起忘了介绍自己，我告诉老人家，我是维城乡小学的老师，叫杨成立。老人家马上用汉语回答我："杨老师，我知道了，喝茶喝茶。"

我们就这样认识了，我坐在老人身边，感觉老人家如此友好，为什么别人还说他难以接触呢？带着疑虑，我慢慢与老人家交谈起来。为了交谈没有障碍，我主动告诉他我是羌族，可以用羌语进行交流。老人家神秘地告诉我："我知道你是'日麦'，不用客气，都是自家人，我就想找个文化人开心开心。"听了老人家的话后，我就把老人看作羌族人里一个十分有趣的文化人，于是一个一个的问题就开始了，从神话到传说，从故事到个人经历，从民俗到宗教……老人家真的是羌文化的集大成者，他没有丝毫保留，对我的提问一一解答，娓娓道来，我听得入神，记得牢固，自己需要了解的东西在老人家那里都有答案，开始有了文化自觉和文化自信，也感到在维城前村小学工作是一种幸福，特别是结识任塔纳老人。老人家博学多才，对我口传心授，让我受益终身。我们在羌族火塘边咂着酒度过了一个又一个不眠之夜，由此我知道了这个民族的历史、信仰、传说、习俗等等。

随着我们之间交流的深入，老人家将自己祖传的《刷勒日》图经展示给我。以前我只是听说过《刷勒日》，当真正目睹时，我被震撼了，这个世界上还真的有羌族先辈的书！这是一部没有文字只有图画的书。任塔纳老人告诉我，这部《刷勒日》是唐朝时羌族大阿爸许给皇帝的贡品，皇帝又赐还阿爸许，

附录一：初识《刷勒日》

是从长安带回悉州的，历经若干代人的使用，能够保存到今天已经很不容易了，所以，一般是不会拿出来看的，目的是保护和传承好这部《刷勒日》。该《刷勒日》是羌族乌格部的经典、娲萨许最原始的本子，是羌族最古老最完整的图经，整个羌区独此一本。据任塔纳老人说，《刷勒日》是天神木比塔的卜师兼祭司阿爸木纳从天上带到人间的奇书，因而羌人称其为"天书"。阿爸木纳是猴头人身像，是天神派到人间通古晓今、斩妖除魔、治病救人的能手。因天神木比塔的三女儿木吉珠执意下嫁凡间羌人斗安珠，天神就派阿爸木纳陪同其三女儿一起来到人间，负责三女儿的安全，阿爸木纳下凡时带来了《刷勒日》。从此，阿爸木纳成为凡间第一大阿爸许，成为羌族"许"的祖师爷。阿爸许的重要法器是猴皮帽子（维城乡羌语叫"娲萨达哇"，以下括注均为维城乡羌语）、羊皮鼓（窝）、印（札或托）、师刀（哈）、挂饰（否里卡札或毕摩）、法杖（西格瓦卓）、神棍（西卡瓦卓）、豹子皮衣服（许卦寺）、巴朗鼓（吉窝）、响盘（棋里）、锣（黑窝）、令牌（西木居或棋布居）等等，工具书就是《刷勒日》。任塔纳老人告诉我，《刷勒日》在历史上没有遭到破坏的原因是"书籍之事，患人不好，好之无伤也"。

《刷勒日》是羌族的"天书"，所以阿爸许对《刷勒日》非常恭敬，都严格遵守着《刷勒日》的传承与翻阅规矩。翻阅《刷勒日》时要遵守"戊日不开卷"和"己日不破卷"的规矩，选定开卷吉日之后，阿爸许还要焚香沐浴，然后才从保管的地方把《刷勒日》请出来。任塔纳传承的《刷勒日》被放在一个古老得发黄的羊皮包里，其材质是羊毛布，羊毛布上面涂了石浆，形成一片片白色的"画板"，图经就画在石浆"画板"之上。图画全部是彩色，用的是天然颜料，虽然年代久远，但颜色仍然很鲜艳。在纸张出现以前，我国古人曾把画画在岩壁上、锦帛上、木头上，而羌人则是绘制在自己编织的羊毛布上，这是一种独特的文献载体。这部《刷勒日》中的人物大多着圆领窄袖袍衫，且有时不合颈下胸上的一段，让袍子前面的一层襟自然松开垂下，形成一个翻领的样子。现今的羌族人在重大祭祀和重大政事活动时仍然着圆领袍。

● 娲萨许《刷勒日》图经中的人物形像

翻开这部《刷勒日》，第一幅图是"人身蛇尾图"，即伏羲女娲兄妹造人图，色彩如新。"伏羲兄妹造人烟"的神话在羌族聚居区广泛流传，羌族把伏羲女娲作为自己的始祖，代代敬仰崇拜。因此，这张图也就是羌族的"人类起源图"。"人身蛇尾图"一共五张，按照任塔纳的解释，分别代表金命人、木命人、水命人、火命人和土命人。随后任塔纳老人为我念诵与该图对应的唱经："混沌一片，大地一片漆黑，什么都没有看见，什么也看不见，慢慢看、慢慢想、慢慢回忆，哦，来了一点影子了，看见了一点点了，看见了；哦，想起来一点点了，想起来了；哦，回忆起来一点点了，回忆起来了。一切一切都是有根有源的，啊，原来是先有天、有地、再有人；有了天地然后有万物，有万物然后有男女，有了男女然后有夫妇，有了夫妇然后有父子，有了父子

然后有君臣，有了君臣然后有秩序，有了秩序然后有规矩，有了规矩就有了天地人各自的法则……《刷勒日》是至高无上的天道、地道、人道，我今严格遵循祖训，按照天地与人并生，万物与我为一，遵阴阳化合，遵天地循环，遵建除运转……今天不逢戊日，今日不见己日，今天避开忌日，恰是良辰吉日，百无禁忌，开卷有益，大吉大利。"

任塔纳的这部《刷勒日》共108幅图，从"人身蛇尾图"的人类起源开始，后面的图画内容涵盖了一个人从出生到死亡的全部活动，是古羌人对于人类社会、自然万物的认识的总结。任塔纳讲，《刷勒日》有两个原则，一是"以天为则"，要求人们尊重自然，顺应自然，按照自然规律办事，从而实现"天人合一"；二是"以祖训为律"，要重视历史和传统，重视祖先遗留下来的规诫和经验。祭天和祭祖一直是羌族的大事。同时《刷勒日》又要求"持经达变"，用《刷勒日》中的思想、观点来认识周边事物，坚守原则，结合时势，积极争取。翻阅和传承《刷勒日》一定要有敬畏之心，首先要敬畏《刷勒日》，还要敬畏天神、敬畏先贤、敬畏师父、敬畏父母、敬畏长辈……翻阅人必须是品德高尚的人，品德低劣的人不能看，更不能做传承人。任塔纳老人说："羌族祖先根据阴阳平衡的原理，制定了千古不变的规矩，羌族人的规矩已经很好了，有一些自己认为聪明的人总是认为这些规矩有问题，我认为不是规矩有问题，而是这些人有问题。""人要是好人，不好的规矩，他能做出好事；人要不是好人，就算有再好的规矩，他也会干坏事。所以规矩固然重要，但人的品德更重要。"阿爸许不仅是羌文化的代表，而且是羌族人的道德标杆。《刷勒日》的善恶标准就是利他还是利己，利他是善，利己是恶。阿爸许要用一生去践行利他，摒弃私欲，无私奉献，提升自己的道德修养。与其他民族不同，羌族阿爸许不脱离生产劳动，他为羌族同胞的婚丧嫁娶活动提供服务是义务性质的，没有分毫收入。阿爸许的唱经中说："收获的猎物，天神最先享受，地主最先享受，山神最先享受，师父最先享受，祖先最先享受；爷爷奶奶先尝味道，父母先吃，孩子先吃，众人先吃；最后最后我来吃。收获的粮食，天神最先享受，地主最先享受，山神最先享受，师父最先享受，祖先最先享受；爷爷奶奶先尝味道，父母先吃，孩子先吃，众人先吃；最后最后我来吃。美味的咂酒，我来开坛，恭请天神享受，恭请地主享受，恭请山神享受，恭请祖先享受，恭请师父享受；爷爷奶奶先尝，父母先尝，众人先尝；最后最后我来尝。……"

与任塔纳的结识和长谈使我受益终身，老人家身上表现出来的文化的力量和崇高的人格魅力，令我深深折服。从此我与《刷勒日》结下一生的不解之缘，并自愿为《刷勒日》的保护与传承、为羌文化的复兴尽自己最大的努力，30余年来，我一直坚守着这份"初心"。自此以后，我天天往返于维城的前村和中村之间，希望在任塔纳老人的有生之年，能学到《刷勒日》的真谛。我充分利用业余时间，抓紧每分每秒，向老人请教。对外人守口如瓶的任塔纳老人却对我非常信任，坦白相告。但由于年事已高，老人家的身体状况每况愈下，而且当时我作为小学教师，寒暑假为了生计还要参加其他活动，后来又调到其他地方工作，所以我们之间的交流主要发生在我在维城乡前村小学教书的那一年多时间里。经过一段时间的学习，我基本上掌握了任塔纳老人所藏娲萨许《刷勒日》的前半部分内容，而对后半部分了解得不够深入，只能在以后的生活中去逐渐参悟。

《刷勒日》不仅仅是一部图经，它还有配套的唱经、法器、仪式等等，所以应该说《刷勒日》是一套立体的文化遗产。现在，阿爸许任塔纳已经去世多年，但每当我看到《刷勒日》，就仿佛又看见他左手摇着拨浪鼓、右手翻打着响盘，一边踩着禹步一边念诵唱经的身影……

2008年5月12日，四川汶川发生特大地震，山崩地裂，羌文化遭受重创。我的第一反应却是任塔纳家的《刷勒日》是否安全。我辗转联系上任塔纳老人的子女，得知《刷勒日》安然无恙，才放下心来。后来我又专程去看了一次。看过后我产生了一些想法：由于传承规矩森严、羌族聚居区受现代化进程的影响日益加剧，《刷勒日》面临着非常严重的传承危机，如果再遇到自然灾害等意外情况，很可能出现《刷勒日》灭失、传承中断的情况，这对羌文化来说，是无法估量的损失。习近平总书记曾讲：我们决不可抛弃中华民族的

优秀文化传统,恰恰相反,我们要很好地传承和弘扬,因为这是我们民族的"根"和"魂",丢了这个"根"和"魂",就没有根基了。我决定去做一些抢救保护和宣传《刷勒日》的事情,让《刷勒日》为更多的人所知,让《刷勒日》和羌文化在新时代里焕发出新的光彩。在做这个决定时,我得到了乌丙安、孙宏开、赵旭东等专家的鼓励,他们都说:"你应该做好这件事情,因为你是羌族人,这是你的责任!"是的,这是我义不容辞的责任。于是我开始调查整个羌区全部现存的《刷勒日》,并与所有的传承人进行了交流和探讨,迄今已有十余年的时间。在这个过程中,我发现了不同的《刷勒日》版本,对《刷勒日》的认识也逐步深化了。

2015年5月,"中国档案文献遗产工程"国家咨询委员会在北京召开会议,对申报第四批《中国档案文献遗产名录》的项目进行评审,最终,由我主持申报的"四川省阿坝藏族羌族自治州茂县羌族刷勒日文献"项目顺利入选《中国档案文献遗产名录》,同一批入选名录的项目在全国仅有29项。由此,《刷勒日》成为阿坝州第一部国家级档案文献遗产,也是羌族唯一一部国家级档案文献遗产。这是全体羌人值得为之庆祝的一件大喜事。自1986年6月我与任塔纳老人结识、与《刷勒日》结缘,到《刷勒日》被列为国家级档案文献遗产,共经历了29年。我能够为保护和传承《刷勒日》做一些事,也算是没有辜负任塔纳老人当时对我的信任。但《刷勒日》不只是一个文本,其中蕴含的丰富思想还需要解读和阐发,这些思想对于传承和弘扬羌文化、树立文化自信、促进文化自觉与自强、在羌区培养和践行社会主义核心价值观等等,都有非常重要的作用。习近平总书记说要"引导人们向往和追求讲道德、尊道德、守道德的生活,形成向上的力量,向善的力量",《刷勒日》中饱含着"向上的力量""向善的力量"。为此,我将继续努力下去。

附录二：羌族尼娲许《刷勒日》图经抢救历程

> 传统文化是民族内在的灵魂和血脉，是民族的身份证明，是维系国家统一和民族团结的精神纽带，是中华儿女和睦相处、携手发展的共同精神家园，是民族凝聚力和创造力的重要源泉，是中华民族生生不息的不竭动力。羌文化是中华文化的重要组成部分，而《刷勒日》是羌族的核心经典，是羌文化最重要的载体之一，我们必须保护好、传承好。在此，笔者将自己亲身参与和了解的《刷勒日》抢救与保护过程记录下来，告慰那些为保护与传承《刷勒日》做出贡献的各位先贤与族人，也算是一个有文化自觉的人对自己的民族文化尽一点责任。

2008 年的汶川特大地震使羌文化遭受重创，羌文化的保护与传承问题一时引起世界关注。同年 10 月，文化部正式设立羌族文化生态保护实验区，以保持羌文化的多样性、羌文化生态空间的完整性和羌文化资源的丰富性。这是我国设立的第四个国家级文化生态保护实验区。地震发生后，档案工作者也积极参与到抗震救灾过程中，为羌文化的保护与传承付出自己的努力。出于档案工作者的职业嗅觉，茂县档案局立即开始了档案征集工作，全体工作人员奔赴各乡抗震救灾指挥部指导地震档案征集工作。在此过程中，茂县档案局工作人员发现了沟口乡水若村二里寨阿爸许肖永庆老人所藏的《刷勒日》。由于灾区保护条件恶劣，为防止这部《刷勒日》遭到损毁，档案局工作人员马上向上级部门报告。茂县县政府得到消息后赓即成立了专门的领导小组，

● 《刷勒日》图经抢救保护现场

负责征集保护《刷勒日》。于是，长达 5 年多的《刷勒日》档案征集工作就此拉开序幕。

2008 年 5 月 14 日，由茂县档案局主要领导同志等组成的工作组赶往沟口乡水若村二里寨去见肖永庆老人。大地震后，道路损毁严重，二里寨本就位置偏僻，此时更加难以通行，一路上还要克服余震的危险。一行人沿着羊肠小道，一直走到晚上才赶到二里寨见到肖永庆老人。肖永庆老人被我们一行感动了，愿意与我们打交道了。与此同时，一些高校和科研机构也纷纷派人上门找肖永庆老人，希望得到《刷勒日》，与我们展开了竞争。我们没有向肖永庆老人提出购买《刷勒日》的要求，而是从关心老人的生活、起居、健康入手，不断与老人进行情感交流。因为真诚，肖永庆老人一次次被我们感动，愿意与我们谈心交心，后来与我们发展成为无话不谈的亲人了。我们只要求他一定要保护好《刷勒日》，不要在大灾难的时刻把《刷勒日》卖掉，有什么困难可以直接找我们解决。老人信任我们档案人，听了我们的话，将不少上门求购《刷勒日》的人全部拒绝了，这让我们放心了，也看到了《刷勒日》征集进馆的希望。

地震后灾区的生活条件很差，肖永庆老人病倒了。茂县档案局的人联系到抗震救灾部队的医疗队，一起步行几十公里来到二里寨上门送医送药，使老人很快恢复了健康。老人主动提出要与医疗队和档案局人员合影，以便日后记住这些恩人，天天为这些恩人祈祷祝福。康复后，老人也加快了《刷勒日》的传授，让徒弟们尽快掌握《刷勒日》中的所有知识，以防不测。

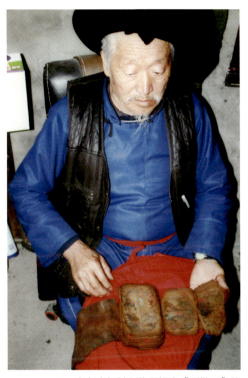

● 肖永庆与其所传尼娲许《刷勒日》的复制件

2008 年 8 月，一位与肖永庆老人有多年交情的文物爱好者从老人那里"借走"了《刷勒日》，以后就用各种借口拖延，不肯归还，最后说弄丢了，愿意支付赔偿金来了结此事。肖永庆老人很生气，却没有办法，于是找到茂县档案局请求帮助。茂县档案局马上派人找到借书人，讲明了法律知识和政策，要求他立刻归还，否则就要报警，走法律途径解决。在这种压力下，借书人只好将《刷勒日》还给了肖永庆老人。此后肖永庆老人加倍小心，但凡有人要看《刷勒日》，他都要打电话先向茂县档案局征求意见。但由于老人收藏着一部《刷勒日》的消息传播得越来越广泛，前来高价购买的人也络绎不绝，老人不胜其扰，且担惊受怕。一次，老人要去外地办事，但不放心自己的《刷勒日》放在简陋的安置房里面，于是就跟茂县档案局的人商量。档案局领导请老人将《刷勒日》及相关实物暂时寄存在档案局的保险柜中，待其回来再取走。老人同意了。结果老人走后果然有人到老人的安置房中想要盗窃《刷勒日》，但扑了个空。老人因此非常感谢茂县

● 肖永庆在查看尼娲许《刷勒日》复制件

　　档案局的人员。经过此事，老人也坚定了要把自己所传《刷勒日》及相关实物永久性保存进茂县档案馆的决心。2013 年 3 月，茂县档案馆新馆建成开馆。同年 4 月 24 日，肖永庆所藏《刷勒日》及相关实物一起入藏茂县档案馆。茂县档案馆成为全国唯一一个保存有《刷勒日》及其相关实物档案的机构。这也为汶川特大地震后羌族档案的抢救保护工作画上了一个圆满的句号。当天老人激动地说："我可以放心了，可以睡一个安稳觉了。"

　　汶川大地震后，羌族《刷勒日》的抢救历程中充满了一个个爱与信任的故事，至今回忆起来依然令我的心情久久不能平静，终生不能忘怀。同时也要感谢那些在背后默默支持我们的人。地震后，时任国家档案局局长杨冬权就表示："只要是羌族珍贵档案的抢救保护，国家局一定全力以赴支持。"2009年 5 月汶川大地震发生一周年时，杨冬权局长在震中映秀镇专门听取羌族档案抢救保护工作汇报，要求克服一切困难加快《刷勒日》的抢救保护工作。为此，时任四川省档案局局长胡金玉、副局长张新和相关职能部门领导同志

● 从肖永庆手中抢救保护下来的尼娲许《刷勒日》入藏茂县档案馆

多次到茂县指导《刷勒日》抢救保护工作，督促加快《刷勒日》进馆工作。四川省档案局领导也一次次看望慰问肖永庆老人，查看了他所藏的《刷勒日》，还专门在阿坝州召开了《刷勒日》文献价值调查学术研讨会，使大家进一步明确《刷勒日》的文化价值，从而增强工作的主动性。在得知《刷勒日》入馆的消息后，时任中共阿坝州委常委、州委秘书长罗振华批示："很好！今后既要做好保管收藏工作，又要做好研究挖掘工作，充分发挥《刷勒日》文献的历史、文化、文物价值。"

《刷勒日》凝聚着古羌人的历史智慧和生活经验。肖永庆出身阿爸许世家，传承的是尼娲许《刷勒日》，共 72 幅图。据说已传承 14 代之久。老人能唱完与其《刷

● 抢救保护下来的《刷勒日》配套法印

勒日》配套的 72 段唱经，并能根据图画和唱经开展对应活动，是难得的活态传承方式。能亲身参与肖永庆所藏尼娲许《刷勒日》的抢救保护和征集入馆工作，我感到非常荣幸。目前，档案技术部门已经完成了肖永庆所传《刷勒日》的高仿复制工作，

● 抢救保护下来的《刷勒日》配套法器

复制本将成为日后利用的工具，原本将妥善保管。有关《刷勒日》的研究和普及工作正在全面开展，不久后相关资料和成果就会与公众见面，羌族《刷勒日》将迎来更加美好的明天。

附录三：中国档案文献遗产申报书（节略）及立项材料

四川省 2014 年申报中国档案文献遗产工程项目之一

四川省阿坝藏族羌族自治州茂县羌族《刷勒日》文献
概述

　　四川省阿坝藏族羌族自治州茂县是中国最大的羌族聚居区，位于四川省西北部，紧邻成都平原。茂县政区面积 3.09 万平方公里，总人口约 11 万人，羌族总人口约 10 万人，羌族占 90% 以上，是全国最大的羌族聚居县。羌族是中国最古老的民族之一，历史悠久，文化独特，岷江大峡谷更因地理环境的封闭而极少受外来文化的影响，保留了独特的具有鲜明地域特征和羌族原始风貌的《刷勒日》文献。《刷勒日》是羌族社会中专司祭祖安灵、禳灾疗疾、卜筮择日、载史录事、记录年历的神职人员"阿爸许"（或称释鼓）使用的经书，一直到现代，《刷勒日》文献只有羌族阿爸许唯一能认读、记录、使用和传授。千百年来阿爸许一直在羌族社会中扮演着讲述历史、传播知识、规范行为准则一类的文化教育角色，是羌族文明和文化的代表，是羌族人民智慧的集中继承人。因此，阿爸许绘制记录的《刷勒日》文献不只是祭祀类的专门经书，而是"羌族核心文化的独特载体"，是羌族先民思想文化的宝库，是"羌族的百科全书"。从现在发现的《刷勒日》文献来看，各版本内容基本相同，但区别也有。相同的是都有祭祀图、丧葬图、婚配图、阴阳五行图、吉凶箭位图、治病驱邪图、十二属相图、阴阳五行属相命运图、地支三会图、地支六冲图、地支三合图、四格五行配合图、六十甲子图等等，主要在献祭、祈愿、禳被、诅咒、占卜、求育、述源、丧葬、指路、祭祖安灵、历算等日常活动中使用，内容包罗万象、博大精深，涉及羌族的历史、哲学、农学、信仰、伦理、文学、美学、民俗、天文、历算、地理、医药等，涵盖羌族社会、生活、文化、思想的各个层面。因此，它对研究羌族历史文化，研究中国各少数民族关系史，研究羌族古老绘画、民间信仰、伦理规范、习惯法，研究羌族独特的天文历算学、医学、制造工艺等，均具有重要的学术价值。它不仅是中华民族大家庭的宝贵文化遗产，也是珍稀的世界文化遗产。然而，由于社会环境的改变，由于羌族没有古老而得到普遍使用的文字，《刷勒日》都用图画表现，全凭阿爸许口传心授，现今社会环境改变，阿爸许这一职业后继乏人，老一代阿爸许正逐渐老去、死亡，许多经文丧失，《刷勒日》正面临散失、外流和无人能识读的危险。因此，《刷勒日》亟待抢救保护，并要展开专门研究。

1. 基本情况介绍

1.1 名称与保藏地点（略）

1.2 与法律相关的证明（略）

1.3 申报文献说明

1.3.1 申报文献内容说明

阿坝藏族羌族自治州《刷勒日》文献数量特少，内容十分罕见，据初步统计，在国家级羌族文化生态保护实验区的茂县，散存于民间的《刷勒日》文献有3~5本，保存完整的仅有1~3本。

近年来，随着外来文化的冲击和原生环境的变化，特别是"5·12"特大地震使羌族《刷勒日》的原生环境遭到严重破坏，该文献的保存状况堪忧，随时都有可能丧失，而且外国游客和研究者越来越多，也有可能流失到国外。为保护羌文化，国务院于2008年建立了"羌族文化生态保护实验区"，四川省成立了羌族文化生态保护实验区领导小组，阿坝州政府十分重视羌族《刷勒日》的保护，于2011年专门在阿坝州档案局成立了《刷勒日》文献抢救保护领导小组，同茂县档案馆等单位一起，负责收集保存和研究《刷勒日》文献，宣传保护《刷勒日》文化的重要性，并陆续从州属各县将收集到的两卷珍贵《刷勒日》文献集中到阿坝州茂县档案馆保存。此外，阿坝州各级文化部门投入大量人财物进行研究,阿坝州茂县羌族博物馆等单位也保存了一部分《刷勒日》文献的资料。

此次申报虽将整个阿坝州茂县的羌族《刷勒日》文献作为申报对象,但因大多数《刷勒日》文献仍然分散保存在民间,所以此次申报的主体部分是州县政府拨专款收集到的重要文献一卷。

综合考察这 3~5 部有代表性的《刷勒日》文献可以看出,它们都是羌族专业神职人员——阿爸许在长期从事献祭、祈愿、禳祓、诅咒、占卜、求育、述源、丧葬、指路、祭祖安灵、历算等专业活动中记录、保存、流传下来的专门文献,内容主要包括羌族的祖先崇拜、部落历史、神话传说、伦理规范、天文历算、医药卫生、制造技艺、修造建设等,涉及羌族社会生活的各个方面,无愧于"羌族的百科全书"的美誉。

1.3.2 编目与注册情况

目前这部分文献只有简单的照片复制簿册,没有详细的翻译内容目录,绝大多数《刷勒日》文献的内容还没有翻译成规范汉文,因为羌族没有通行文字,《刷勒日》的传承全凭口传心授,十分晦涩,翻译工作难度特别大,许多发音是古羌语,使得现在的羌族阿爸许和老人难以完成翻译工作。

1.3.3 辅助说明材料

拍有 300 张照片及照片目录

1.3.4 形成时间

传说是在远古时期,古羌人在河湟地区形成

1.3.5 目录

无

1.3.6 证明文献价值的有关部门专家的姓名、职务、资格证明及联系地址

孙宏开:中国社会科学院荣誉学部委员、中国社会科学院民族学与人类学研究所研究员,著名民族语言学家、羌语羌学研究专家。

张海洋:中央民族大学民族学与社会学学院教授、中国少数民族研究中心主任、民俗学研究中心主任、西部发展研究中心主任,国际人类学与民族

学联合会会员。著名民族学家、民族文化遗产保护专家。

黄成龙：羌族，博士，羌学研究专家。长期在中国社会科学院民族学与人类学研究所从事包括羌族语言在内的中国少数民族语言文字研究。现任中国社会科学院民族学与人类学研究所副研究员，中国社会科学院研究生院硕士生导师。

张曦：羌族，博士，羌学研究专家。长期在中央民族大学民族学与社会学学院任教。

雍继荣：羌族。民族文化宫博物馆馆长、研究馆员，中国博物馆协会民族博物馆专业委员会副主任兼秘书长，西南民族大学羌族研究中心特聘专家。

杨成立：羌族。阿坝州档案局副局长，中国档案摄影研究会理事，四川省民间文艺家协会会员，阿坝州非物质文化遗产评审专家，羌族《刷勒日》研究资深专家。

1.4 申报理由

1.4.1 申报文件的真实性

申报对象是羌族历代阿爸许在从事专业活动中形成的原始《刷勒日》，照片附在文件材料之后。这部《刷勒日》用中国传统绘画技艺绘成，虽经历代阿爸许转画，但因系父子相传，最后一代传承人仍然在世，且配套唱经中对传承谱系记载明确，因此来源确切，真实可靠。

1.4.2 文献的意义

羌族是中国境内最古老的民族之一，被历史学和民族学专家称为"民族的活化石"，"羌"字最早出现在中国的甲骨文中，羌族源远流长，历史文化独特，而阿爸许是羌族古老历史文化的唯一记录者、保存者和传播者。因此，《刷勒日》是羌族历史文化的重要载体。同时，《刷勒日》文献内容丰富全面，涉及羌族社会生活的各个方面，具有极大的保护、利用价值。

具体而言，《刷勒日》的价值有以下几点：第一，《刷勒日》是用传统绘画方式形成的独特图画集，里面的图画像"河图"和"洛书"一样，神秘莫测。这些图画是一种少有的、古老而自成体系的、完备的自源性图画，对于研究羌族艺术具有重要价值。第二，《刷勒日》记录了羌族的礼仪规范和习惯法，是研究人类文明史难得的材料。第三，羌族《刷勒日》文化是在原生自然崇拜基础上发展起来的民间信仰文化，是活态的原生信仰文化难得的标本，《刷勒日》对于研究中国的原始宗教意义重大。第四，《刷勒日》详细记录了羌族的远古传说，对研究羌族历史、部落迁徙史、民族关系史等意义重大，特别是对中国少数民族的历史研究作用不小。第五，理解羌族《刷勒日》的图画必须通过阿爸许的唱经，这些唱经绝大多数用羌语诗体四字和五字来编排，便于阿爸许吟咏唱叹、朗朗上口，具有很高的文学和音乐美学价值。第六，《刷勒日》中记录了大量天文历算、占算学知识，可作为研究天文学发展史的重要参考资料。第七，《刷勒日》中记载了不少药学、医学知识，如果对这些知识进行认真分析研究和利用，将对现代中医药学的发展起到积极的作用。第八，《刷勒日》中有许多仪式程序的记录，如祭祀、丧葬、婚姻等，对羌族礼仪及习惯法的形成研究具有很高的价值。第九，《刷勒日》包含大量的中国传统哲学思想，特别是五行学说在其中占有大量篇幅，对研究中国传统哲学有很高的价值。

总之，《刷勒日》是对羌族历史文化、原生信仰、社会伦理、习惯法等的全面而细致的历史记录，对研究羌族历史和社会、中国少数民族关系史等，均具有非常重要的价值，珍贵稀有。它不仅是中华民族的宝贵历史文化遗产，也是全人类的珍贵历史文化遗产。

1.4.3 申报文献价值评估

a）时间

羌族《刷勒日》是阿爸许世代相传下来的专门文献，现行文本的具体形成时间已不可确考，但其对应唱经中有明确的传承谱系，如《木巴火石》中说："阿爸斯主、阿爸麻主、阿爸升儿、阿爸根帕、阿爸井保、阿爸石保、阿爸七儿、阿爸英长保、阿爸长命保、阿爸方喜、阿爸作匹不支、尔舅爷、升木那、庆木那（肖永庆）"，这样明确的传承谱系就保证了每一部羌族《刷勒日》传承的连续性和现存文献的真实性、原始性。

b）地区

羌族《刷勒日》目前主要保存于四川省阿坝藏族羌族自治州茂县。茂县是羌文化核心区，境内羌文化积淀厚重，民族风情古朴动人，原生态文化保留极为完整。2008年"5·12"大地震以后，国务院为保护羌文化，成立了"羌族文化生态保护实验区"，茂县、汶川县、理县、黑水县、松潘县成为核心保护地。茂县位于四川省的西北部、岷江大峡谷中，6000年以前就有人类在此活动，茂县的营盘山文化遗存记录着新石器时代人类活动的基本状况。县内羌族人口占90%以上，由于特殊的自然地理环境，受外来文化影响甚小，完整地保存了大量羌族文化遗产，仅国家级非物质文化遗产就有"羌笛演奏技艺和制作技艺"、羌族"瓦尔俄足"、羌族"刺绣的技艺"、羌族"日麦吉"、羌族"羊皮鼓"、"羌族碉楼的建筑技艺"等等。茂县是羌族《刷勒日》文化的原生地，现今发现的几部羌族《刷勒日》文献内容齐全完整、博大精深，引起了国内外越来越广泛的关注。因此，以茂县为主要保存地的羌族《刷勒日》文献是不可多得的绘画档案文献。

c）主题内容

《刷勒日》文献主题鲜明、内容丰富，文化积淀厚重。在其相关的唱经中，《得为》（祭祀羊皮鼓经唱词）、《阿爸白爷》（开天辟地经）、《植》（请神开塘经）是使用频率最高的，反映了羌族的民间信仰，对天神和自然的崇拜以及向往与大自然和谐相处的观念；《木吉珠与斗安珠》是羌族最长的史诗，提供了羌族的源流信息；《耶》（太平经）和《迷啊》（家事不顺唱经）反映了羌族祈求和平，渴望家庭幸福和谐，追求天下太平的思想；《如姑》（五谷种子唱经）反映了羌族人民祈求五谷丰登、丰衣足食的强烈愿望；《别》（评是非经）反映了羌族的基本伦理行为规范和对人的行为的道德要求；《格扭》（吆猪唱经）反映了羌族人民对神与祖先的感恩、报恩思想；《咭》（炼铁经）反映了羌族人民对工匠的崇拜、对工艺的重视；《兹》（脉络邪经）反映了羌族人民对人生病的认识和对治病方法的探索；《莫河而格》（修房造屋经）反映了羌族建筑的基本建造程序，对研究羌族碉楼及石屋建筑有重要作用；《燃比娃盗火》是羌族的传世史诗，用诗体语言写成，修辞手段丰富，具有很高的文学价值；《嘎》（羌戈大战）反映了羌族人的祖先崇拜观念和民族迁徙史；《罗》（驱鹿鬼经）、《独》（毒药猫经）、《咄》（解秽驱邪经）、《而目》（驱邪赶鬼经）反映了羌族的灵魂观念和万物有灵观念；《说亲唱词》、《嘎布勒麦》（唱喜事）、《嘎莎拉米》（哭嫁歌）反映了羌族婚姻的基本情况，对研究古代羌族的婚姻状况有非常高的价值；《嗟啵刹格》（吉利经）反映了羌族的传统礼仪和伦理道德，对研究中国古代的少数民族伦理道德具有重要价值。上述羌族《刷勒日》文献的图画内容，涉及羌族社会生活和历史的各个层面，对研究羌族的历史文化具有很高的价值，确实是"羌族的百科全书"。

d）民族与人物

《刷勒日》是羌族独有的文化典籍，是羌族文明史的唯一原始记录材料。羌族又是中华民族大家庭中历史最为古老的民族之一。因此，《刷勒日》作为稀有的原始绘画档案材料，具有鲜明的民族性。

羌族《刷勒日》文献是由历代阿爸许保存记录下来的。阿爸许是羌族历史文化的记录者、保存者和传播者，在羌族社会各阶层中居于重要地位，并一直在羌族社会发展尤其是文化教育中扮演着重要角色。现在全国的羌族阿爸许仅有 20 余人，能够使用并解读《刷勒日》的阿爸许只有 3~5 位，他们的年龄都在 70 岁以上。在《刷勒日》的主要保存地茂县，能够解读和使用的阿爸许只有两位。"5·12"大地震后，对羌族阿爸许的保护得到了各级重视，《刷勒日》传承人都已成为国家级非物质文化遗产传承人，这充分说明了阿爸许在羌族社会文化生活中的重大影响力。因此，《刷勒日》在继承人方面也具有突出的典型性。

e）形式风格

羌族《刷勒日》是典型的羌族传统手工绘图文献，由阿爸许世代相传，文献破损后由当任阿爸许另用新载体手工转抄绘图，并在多位阿爸许同时认可后才能使用或传给自己的徒弟。绘画时主要用自制竹笔蘸以作为牺牲的动物（如狐狸）血加各种天然彩色石料调成的颜料绘制，天然彩色石料必须干净，

不得有任何阿爸许认为不干净的东西。载体有羌族传统手工麻布、传统纱布、传统手工宣纸、绵纸、普通白纸、木板、动物皮等。翻阅《刷勒日》前必须算日子，翻阅时要净手，用经签或没有油的筷子从右向左翻阅。不能有其他人在场，只能由阿爸许翻阅。翻阅的地点不能在卧室，一般是在神龛前进行，每一幅图画都有一段固定的经文来解释图画内容。

综上所述，羌族《刷勒日》载体独特、绘画阅读形式独特，真实反映了羌族绘画记事的悠久历史风貌。

f）系统完整性

四川省阿坝州茂县是全国最大的羌族聚居区，属于国家级羌族文化生态保护实验区的核心区，已发现的《刷勒日》两大版本最完整的本子都在茂县，两大版本的传承人都是茂县人，其中任塔纳的故乡是茂县赤不苏镇中村、肖德升的故乡是茂县沟口镇水若村，这两位传承人又是羌族《刷勒日》文化的集大成者。因此，茂县境内《刷勒日》文化极盛，《刷勒日》传承有序，代有高人。《刷勒日》本就存世很少，茂县保存有已发现的两大版本最完整的本子，均是不可多得的珍品。

g）稀有性

由于特殊的地理环境，在数千年的历史进程中，茂县羌族文化受外来文化影响较小，成为羌文化的核心区。而随着现代文明的飞速发展，羌文化受到很大冲击，羌族年轻人也不愿去传承《刷勒日》，使得《刷勒日》面临失传危险。目前在茂县散存于民间的《刷勒日》有 3~5 部，保存完整的仅 1~3 部。推测全国仅有 5~7 部，其中娲萨许版《刷勒日》仅见 1 部，都十分稀有。

1.5 地方申报磋商情况

四川省阿坝藏族羌族自治州人民政府和茂县人民政府对申报工作十分重视，专门成立了以分管副州长和分管副县长为正副主任的阿坝州茂县申报中国档案文献遗产工作委员会，部署、安排并开展了大量工作。本项目申报工作由四川省档案局局长亲自主持，并组成以四川省档案局为组长单位、以阿坝州申报世界遗产工作委员会为副组长单位的专门工作小组。工作组多次深入阿坝州茂县羌族《刷勒日》文献保管和研究单位调查研究，四川省档案局局长在阿坝州主持召开了专题工作会，并和分管副局长专程到茂县访问了羌族阿爸许肖永庆，考察了羌族《刷勒日》文献的保存情况。四川省档案局分管副局长亲自抓羌族《刷勒日》文献申报工作，带来技术人员对羌族《刷勒日》文献进行抢救保护，召开了专题工作讨论会，聘请了有关专家学者对文献进行鉴定评估，初步确定了文献的价值，并已向中国档案文献遗产工程办公室推荐。

1.6 抢救管理计划

全面计划分为五步：

完成四川省阿坝藏族羌族自治州境内重要《刷勒日》文献的收集和集中保管工作。复制部分珍贵的羌族《刷勒日》文献，今后只提供复制件，以保护《刷勒日》文献原件。

将重要的羌族《刷勒日》文献由绘画解读成规范汉文，将阿爸许的解读进行录音录像保留，并完成相关的整理和标准化著录，建立计算机检索数据库。

对收集的羌族《刷勒日》文献进行抢救和技术保护。

改进羌族《刷勒日》文献现有的保存环境。

加大对羌族《刷勒日》文献的研究工作，并出版相关专著。

……………

2. 参考情况

2.1 对文献损毁程度的评估

羌族《刷勒日》文献数量极少，且多数散存于民间，地方政府和学术机构虽大力收集保护，但受经费限制，只能做有限的重点保护。随着羌族聚居区与外界交往的日益扩大，特别是"5·12"大地震后，有些《刷勒日》文献出现外流迹象。若不加紧收集和集中保存，流失损毁现象将更加严重，因此急需抢救保护。

2.2 保管状况评价

2.2.1 保管历史

四川省阿坝藏族羌族自治州的羌族《刷勒日》文献原来分散保存在民间阿爸许手中，近几年来，特别是"5·12"大地震后，国务院成立羌族文化生态保护实验区，加大了对羌文化的保护力度，相应地，地方政府也加强了对羌族《刷勒日》文献的抢救保护工作。经州政府同意，阿坝州档案馆和茂县、汶川县、理县档案馆成为羌族《刷勒日》文献文化保护抢救研究单位，并有重点地集中收集保存了两部羌族《刷勒日》文献。阿坝州档案局、民委、教育局、文化局和茂县羌族博物馆以及州属各县档案局、民委、教育局、文化局也收集保存了一些珍贵的羌族《刷勒日》文献资料。由于各保管单位库房条件均较差，这些珍贵的档案文献在安全等方面存在隐患。

2.2.2 当前保管的方式

由州档案局组织收集的羌族《刷勒日》文献和相关历史档案一起集中保存于四川省阿坝藏族羌族自治州档案馆和茂县、汶川县、理县档案馆库房内，木柜存放，原件暂未提供利用。州属各单位收集的《刷勒日》文献由各单位自行保管，多数《刷勒日》文献仍由阿爸许私人保管，保管条件均较差。

2.2.3 负责保管的单位

四川省阿坝藏族羌族自治州档案馆和茂县、汶川县、理县档案馆库房管理科及相关机构和个人。

…………

国 家 档 案 局

档函〔2015〕123号

国家档案局关于公布
第四批中国档案文献遗产名录的通知

各省、自治区、直辖市档案局,各计划单列市档案局,新疆生产建设兵团档案局:

经"中国档案文献遗产工程"国家咨询委员会评审,我局批准29件(组)档案文献入选第四批《中国档案文献遗产名录》(排名不分先后),现予公布。

各相关省级档案行政管理部门、各文献保管单位要进一步加强对入选档案文献原件的管理,制订科学的抢救和保护计划,积极开展档案文献保护宣传活动,切实做好档案文献的开发利用,为中华民族的历史文化传承作出更大贡献。

附件:第四批中国档案文献遗产名录

2015年4月28日

附件：

第四批中国档案文献遗产名录

序号	档案文献名称	保管单位
1	甘肃秦汉简牍	甘肃简牍博物馆
2	四川省阿坝藏族羌族自治州茂县羌族刷勒日文献	四川省茂县档案馆
3	宁化府益源庆历史档案	山西省太原市档案馆、太原市宁化府益源庆醋业有限公司
4	鄂尔多斯左翼后旗台吉家谱	内蒙古自治区鄂尔多斯市档案馆
5	孔子世家明清文书档案	山东省曲阜市文物管理委员会
6	《四部医典》（金汁手写版和16—18世纪木刻版）	西藏自治区藏医院藏医文献研究所
7	明万历年间泸定土司藏商合约档案	四川省泸定县档案馆
8	赤道南北两总星图	中国第一历史档案馆
9	贵州布依族古文字档案（贵州布依文古籍）	贵州省荔波县档案馆、三都水族自治县档案馆
10	盛京内务府册档	辽宁省档案馆
11	首届会供仪仗彩绘长卷	西藏自治区档案馆
12	五当召蒙古文历史档案	内蒙古自治区包头市档案馆
13	《尺度经·智者意悦》（稿本）	西藏自治区档案馆

14	清代册封扎萨克世袭多罗达尔罕贝勒的册文	内蒙古自治区档案馆
15	四川自贡岩口簿档案文献	四川省自贡市档案馆
16	晚清民国龙泉司法档案	浙江省龙泉市档案馆
17	开滦煤矿档案文献	开滦（集团）有限责任公司
18	近现代苏州丝绸样本档案	江苏省苏州市工商档案管理中心
19	保定商会档案	河北省保定市档案馆
20	孙中山、胡汉民、廖仲恺给戴季陶的题字	中国第二历史档案馆
21	近现代上海华商四大百货公司档案汇集	上海市档案馆
22	张静江有关孙中山临终病情及治疗情况记录	中国第二历史档案馆
23	"慰安妇"——日军性奴隶档案	中央档案馆、 内蒙古自治区档案馆、 辽宁省档案馆、 吉林省档案馆、 黑龙江省档案馆、 上海市档案馆、 南京市档案馆、 河北省秦皇岛市档案馆、 上海师范大学"慰安妇"问题研究中心

24	卡瓦山佤族酋长印谱	云南省档案馆
25	中国解放区救济总会档案	中央档案馆
26	民国时期南京户籍卡档案	南京市档案馆
27	解放战争时期临朐支前《军鞋账》	山东省临朐县档案馆
28	中华人民共和国第一届全国人民代表大会第一次会议档案	中央档案馆
29	南京长江大桥建设档案	江苏省档案馆

参考文献

[1] 四川省少数民族古籍整理办公室. 羌族释比经典. 成都: 四川民族出版社, 2008.

[2] 阿坝师范高等专科学校少数民族文化艺术研究所. 羌族释比图经. 成都: 四川民族出版社, 2010.

[3] 王治升, 阮宝娣, 徐亚娟. 羌族释比唱经. 北京: 民族出版社, 2011.

[4] 李绍明. 羌族历史问题. 马尔康: 阿坝州地方志编纂委员会、阿坝州史志学会（内部印刷）, 1998.

[5] 任乃强. 羌族源流探索. 重庆: 重庆出版社, 1984.

[6] 冉光荣, 李绍明, 周锡银. 羌族史. 成都: 四川民族出版社, 1985.

[7] 何光岳. 氐羌源流史. 南昌: 江西教育出版社, 2000.

[8] 于一, 李家骥, 罗永康, 等. 羌族释比文化探秘. 北京: 中国戏剧出版社, 2003.

[9] 董常保. 阿坝州旧志集成. 成都: 四川大学出版社, 2018.

参考文献

后记

　　对于民族文化，我历来重视，深感重任在肩，不敢懈怠。我现在所做的，都是为了传承保护和研究利用《刷勒日》。对于羌文化来说，如果孤本的娲萨许《刷勒日》或濒危的尼娲许《刷勒日》及其相关配套唱经、器物失传或流失了，则会令我抱憾终生，愧对先贤，愧对民族，愧对国家。是以三十余年来，我多方奔走，备尝艰辛，却甘之如饴，盖此为我辈应尽之责。我爱护民族文献，视同生命。郑振铎说："为国家保存文化，如在战场上作战，只有向前，决无逃避。"对此我心有戚戚焉。三十余年来，我将自己所有的业余时间都投在了《刷勒日》的抢救保护与传承利用上，真的是"饥以当食，渴以当饮，尽其家以为万卷书"，而我是"尽其家以为一卷书"。好在经过多年跋山涉水走访和细心研究后，由我负责的"四川省阿坝藏族羌族自治州茂县羌族刷勒日文献"项目在几位著名羌学专家的推荐下，通过了119名专家的评审，于2015年4月顺利入选第四批《中国档案文献遗产名录》，成为实至名归的"国宝"，这给予我莫大的安慰。

　　在此，我要感谢历代阿爸许，将《刷勒日》完整保存下来，有的甚至"以命殉书"；感谢国家档案局、四川省档案局把《刷勒日》列为"重点档案抢救项目"，给予多方关照；感谢众多羌学专家和档案专家的抬爱，使得羌族《刷勒日》可以入列"国宝"名单；感谢这么多年来为我提供帮助的羌族父老乡亲和师友及家人。《刷勒日》流传至今，每一页、每一张图、每一个形象都饱含着古羌人的智慧。虽然《刷勒日》现在已经成为名正言顺的"国宝"，但其中还有很多奥秘需要去研究和解读，我在此书中所做的一些阐述，主要来自阿爸许的指点和我个人的体会，仍然很肤浅，《刷勒日》的内容博大精深，希望有更多的有志之士参与到《刷勒日》的保护利用中来，让羌文化在新时代绽放更加璀璨的光芒！

杨成立

2019 年 9 月 30 日于办公室

后记